「超」売り手市場における
母集団形成
採用成功の法則

成田耕一郎 著

セルバ出版

はじめに

はじめまして。

本書を手に取っていただきまして、誠にありがとうございます。

企業の人材採用を支援する「株式会社ＲＳＧ」を経営している成田耕一郎と申します。

採用コンサルタントとして18年。さまざまな採用支援サービスを活用しながら、建設、ＩＴ、技術系アウトソーシング、エステ・脱毛サロン、美容医療、アミューズメント、不動産、生命保険、製造、人材派遣をはじめ、通算５００社を超える企業の採用活動をご支援してきました。

特に、採用難易度の高い業界や大規模採用案件を得意としており、新卒採用から中途採用に至るまで、数々の採用成功実績を収めております。

２０１７年には、建設・不動産業界に特化した人材紹介事業を立ち上げ、現在では、取引企業数１５００社、非公開求人を含む取扱求人案件数５０００件を超えるまでに成長しました。

私がこの業界に飛び込んだのは２００３年。

当時はまだ「Ｂ‐ｉｎｇ」や「ＦｒｏｍＡ」などといった紙媒体の全盛期でしたが、中途採用では「リクナビキャリア（現リクナビＮＥＸＴ）」や「毎日キャリアナビ（現マイナビ転職）」といったＷＥＢ媒体が少しずつ頭角を現してきており、新卒採用では、「リクナビ」や「マイナビ」といったＷＥＢ媒体がすでに主流になりつつありました。

今思い起こせば、まさに時代の転換点だったように思います。

その後、2008年のリーマンショック、2011年の東日本大震災、さらには、2020年のコロナショックなど、さまざまな混乱の渦中で、採用マーケットの変化を目の当たりにしてきました。めったに立ち会うことのできない億単位の予算がついた採用プロジェクトなど、数え切れないほどの貴重な経験もさせていただいております。

当然ですが、たくさんの失敗も重ねてきました。

どうすれば上手くいくのか、成功するために必要な要素とは何なのか。試行錯誤を重ねながら、クライアントの皆様と伴走させていただき、独自のノウハウを蓄積するに至っています。

「人さえいれば、もっと出店できるのに」「人さえいれば、もっと新規案件を受注できるのに」といったご相談は絶えることがありません。私自身も経営者という立場となり、人材の確保は企業や組織にとってもっとも重要な経営課題の1つであると痛感しています。

ただ、なかなか一筋縄ではいかない時代になってきました。

その要因として、少子高齢化によって労働力が減少しているところに、求人広告媒体や採用支援サービスの増加、複雑化が拍車をかけている、という点を挙げることができます。

本来、求人広告媒体や採用支援サービスは、「効率よく・便利に・成果を出すために」考えられたものであるのに、「手が回らずに使えない」「複雑で使いこなせない」「成果の出し方がわからない」といった状況に陥っている企業が増えているのです。

採用目標人数にもよりますが、実に多くの企業が1つではなく、複数の求人広告媒体や採用支援サービスを利用しています。なかには、日々の管理・運用が必要なものも増えています。

だからこそ、「うまく使いこなせず、サービスに振り回されてしまう」。

そんな結果が生じるのも無理はないといえるでしょう。

このような状況の中で、企業や組織の魅力、価値観をどのように発信するのか、競合他社とはどのように差別化するのか、面接や選考の段取りをどのように調整するのか……等々。人事・採用担当の皆様が考えなければならないことは、現時点ですでにかなりのボリュームになっています。

それだけでなく、今後ますます増えていくことが予想されるため、基本的なポイントをしっかり押さえた上で、効率的かつ効果的な戦略を立てていく必要性が非常に高まっています。

膨大な要素によって成り立っているこの採用活動。

私は一括りせずに、「採用広報・母集団形成・選考・面接・内定・入社・定着」といったプロセスごとに見ていくことが重要だと思っています。

本書では、中小・中堅企業の新卒採用・中途採用における「母集団形成」にフォーカスして、採用広報や採用ブランディング、採用戦略の考え方、具体的な採用手法や成功事例などを、私の実体験をベースに詳しく解説させていただきました。

前述した〝一筋縄ではいかない〟状況において、これからは特に、「母集団形成」を起点とする一連の採用フローを、より戦略的かつ計画的に取り組んでいく必要があると考えているためです。

ところで、本書を執筆中だったつい先日、こんなニュースが飛び込んできました。


「人手不足倒産」が急増、4月は過去最多の30件発生　需要の急回復による「人手不足リスク」が表面化。

従業員の離職や採用難等により人手を確保できず、業績が悪化したことが要因となって倒産した「人手不足倒産」は、2023年4月に30件判明した。2013年1月に集計を開始して以降で最も多くなった。コロナ禍直前の2020年1月以来、3年2カ月ぶりに20件台となった先月（21件）に続き、アフターコロナに向けて需要が急回復するなかで急増している（以下省略）。


（帝国データバンク／2023年5月11日配信）


アフターコロナに向けた経済の活性化については大歓迎ですが、まさにこれからというときに、離職や採用難が理由で倒産に追い込まれてしまうというのは残念で仕方ありません。前述した通り、適切な人材の確保・採用は、非常に重要な経営課題であるといえます。

そのことを再認識させられたニュースでした。

さらに、テクノロジーの進展への対応という観点も重要です。

これからの時代においては、AIやロボット技術に置き換えられる業務や職種が増加する一方で、創造性やコミュニケーション能力など、人間の持つ特性＝強みが重要視される職種も増加していくことが予想されます。こうした時代背景を理解し、技術の進化に対して常にアンテナを張り続け、人間だからこその仕事という側面を訴求していく姿勢が必要になってきます。

また、本章の後段で詳しく見ていくように、テクノロジーの進展を背景とした新たなサービスが次々と生み出されています。人事・採用担当の皆様には、サービスの現状をタイムリーに把握し、頭の中をブラッシュアップし続ける努力も期待されているわけです。

さらに畳みかけるならば、少子高齢化が進み働き手不足が加速する中で、企業や組織には多様な人材を採用し、育成することも求められます。これまでの画一的な価値観に縛られるのではなく、柔軟に視点を変えて、異なる強みを持った人材を採用することができれば、激しい競争環境下でも企業としての力は確実に高まります。

他方、採用が上手くいかない場合に企業が受けるダメージは、残念ながらますます大きくなるといわざるを得ません。

一言でまとめるならば、人材採用ならびに育成の重要性は高まる一方です。

にもかかわらず、人事・採用担当の皆様をしっかりとサポートする、広い意味での「仕組み」が十分に構築されているかといえば、現実は必ずしもそうではありません。

たしかに、採用活動に関連する情報は、文字通りネット上に溢れています。

しかし、特定の採用支援サービスの紹介といった断片的なものや抽象的なノウハウなども多く、プロセス全体を俯瞰して解説しているものは意外と多くありません。

それでは、人事・採用担当の皆様が直面する困難を確実に打破することができません。

そのような状況を何とかして変えたいという思いは常に心のどこかにありました。

その思いを形にすべく、本書では私の18年にわたる採用支援・コンサルティング経験をふまえ、人事・採用経験の浅い方でもできるだけすぐに実践できるよう、基本的なポイントをわかりやすくまとめさせていただきました。

ともすると、微に入り細を穿つ部分も目立つかもしれません。

それでも、本書に記載した情報はどれも、これからの〝一筋縄ではいかない〟状況に立ち向かう皆様にとっては、必要不可欠なものであると信じています。

あるいは、本書の記載だけではよくわからない、という箇所もあることでしょう。

その場合はぜひ、お気軽にご相談いただければ幸いです。個々のお悩みにしっかりと寄り添い、皆様がポジティブに困難と対峙できるようサポートさせていただきます。

本書が1人でも多くの採用担当者様のお役に立ち、人材採用を成功に導く手助けとなることを、心から願っています。

2023年7月

成田　耕一郎

「超」売り手市場における母集団形成 採用成功の法則 目次

はじめに

第1章 採用マーケットを取り巻く環境

1 新型コロナウイルスの流行で激変した採用事情・14
2 少子高齢化と人材不足による超採用難時代へ・19
3 高まるZ世代（脱ゆとり世代）の影響力・24
4 採用活動の主戦場は「WEB・オンライン」へ・31
◆コラム◆「若手が採れない！」地場系建設業界の戦略は？・34
第1章まとめ・38

第2章 採用のカギを握る母集団形成

1 求職者心理で考える採用フロー・40
2 目指すは「高い定着率」を見据えた母集団形成・44

3　母集団形成は「グランドデザイン」をベースに考える・50
4　母集団形成は、外部のプロを有効活用する・57
◆成功事例①◆母集団形成の〝フルコース〟とは（技術系アウトソーシング企業の例）・64
第2章まとめ・68

第3章　良質な母集団形成に欠かせない採用広報

1　超情報過多時代の採用広報とは・70
2　すべての土台となる「ペルソナ」設定・76
3　母集団形成の質を左右する「採用ブランディング」・81
4　採用広報を成功に導く「ディレクション力」とは・95
◆成功事例②◆魅力の棚卸しとブランディングで成功へ（アミューズメント企業の例）・102
第3章まとめ・106

第4章　母集団形成をサポートしてくれる採用支援サービス

1　今や、採用活動はＷＥＢマーケティングの時代・108

2　押さえておくべき採用WEBマーケティングにおけるトレンド・114
3　採用WEBマーケティングのベースは「オウンドメディア」・122
4　増加する採用支援サービスと使いこなせない現実・130
◆成功事例③◆「オファーボックス」の賢い使い方（技術系アウトソーシング企業の例）・134
第4章まとめ・136

第5章　母集団が集まる 求人広告原稿はこうしてつくる

1　求人広告原稿は「わかりやすさ」で勝負する・138
2　応募率を上げるポイントはここ！・143
3　検索結果一覧画面はつくり込みが必要・149
4　絶対に避けたい2つのミス・153
◆成功事例④◆魅力の見せ方を変えて、理系学生へ訴求（自動車部品開発企業の例）・159
◆成功事例⑤◆徹底した「ハードルの低さ」で訴求（技術系アウトソーシング企業）・162
第5章まとめ・166

第6章　母集団形成を成功させるグランドデザイン　6つの心得

心得1／求職者心理を理解する・168
心得2／採用したい人材像＝ゴールを設定し、社内で共有する・170
心得3／自社の魅力、強み、アピールポイントの明確化・171
心得4／求職者にリーチするための広報戦略を立てる・173
心得5／採用支援サービスを理解する・174
心得6／外部の専門家と連携・176

巻末付録　母集団形成に直結する 注目の採用支援サービス

1　新卒採用編・180
2　中途採用編・183
3　採用管理サービス（ATS）・187

おわりに

第1章　採用マーケットを取り巻く環境

1　新型コロナウイルスの流行で激変した採用事情

２０２０年以降、前代未聞のコロナ禍によって、採用マーケットも大きな混乱を経験しました。特に、初めてコロナ禍の影響を受けた21年卒の採用では、飲食業、観光業、航空業をはじめ、接客を伴うサービス業全般において、「採用見送り」という苦渋の決断をせざるを得なかった経営者も少なくなかったことと思います。

しかし、24年卒についていえば、すでに多くの業種でコロナ禍以前の勢いを取り戻しています。大卒求人倍率は23年卒に比べて０・13ポイントアップし、１・71倍をマークしました（「第40回 ワークス大卒求人倍率調査（２０２４年卒）」（株）リクルート ２０２３年４月26日）。

内定率の方も、22年卒、23年卒に比べて24年卒は高い水準で推移していることがグラフから読み取れます（図表１）。

注目すべきは、就職活動解禁日となる３月１日の時点で内定率が30・３％に達していること。本来であればスタートを切るべき日に、約３人に１人がすでにゴールに到達しているのです。コロナ禍以前の19年卒が９・８％、20年卒が８・７％だったことから見ても、昨今の採用活動がいかに早期化しているのかがおわかりいただけるでしょう。

また、23年卒の３月卒業時点での１人あたりの平均内定獲得数は、前年から０・17ポイントアップして2・5社となりました。2社以上から内定を獲得した人も65・7％に上昇し、売り手市場化が加速していることが伝わってきます（図表2）。

とはいえ、どれだけたくさんの内定を獲得したとしても、入社できるのは1社。

1人あたりの内定獲得数がアップしているということは、それだけ内定辞退率もアップしている事実を意味しています。

採用活動を通して自社の魅力をアピールし切れていなかったり、就活生と深い信頼関係を築けていなかったりする場合は、あっさりと内定辞退されることになります。

企業にとって内定辞退は大きなダメージです。

まさに、内定を出した後が勝負だといっても過言ではありません。

中途採用マーケットの現状

中途採用市場でも2020年初頭から採用抑制が始まりました。

コロナ禍によって1回目の緊急事態宣言が発令された4月に、求人数は最低水準を記録しました（図表3）。

ただ、これは業種によって大きな違いがあったように感じています。

具体的にいえば、飲食業、観光業、航空業などは大きな打撃を受けましたが、建設業、不動産業などは、最初の緊急事態宣言後の数か月間こそ一時的に様子を見ていたものの、すぐに採用活動を

【図表１　24 年卒　就職内定率（2023 年４月１日時点）】

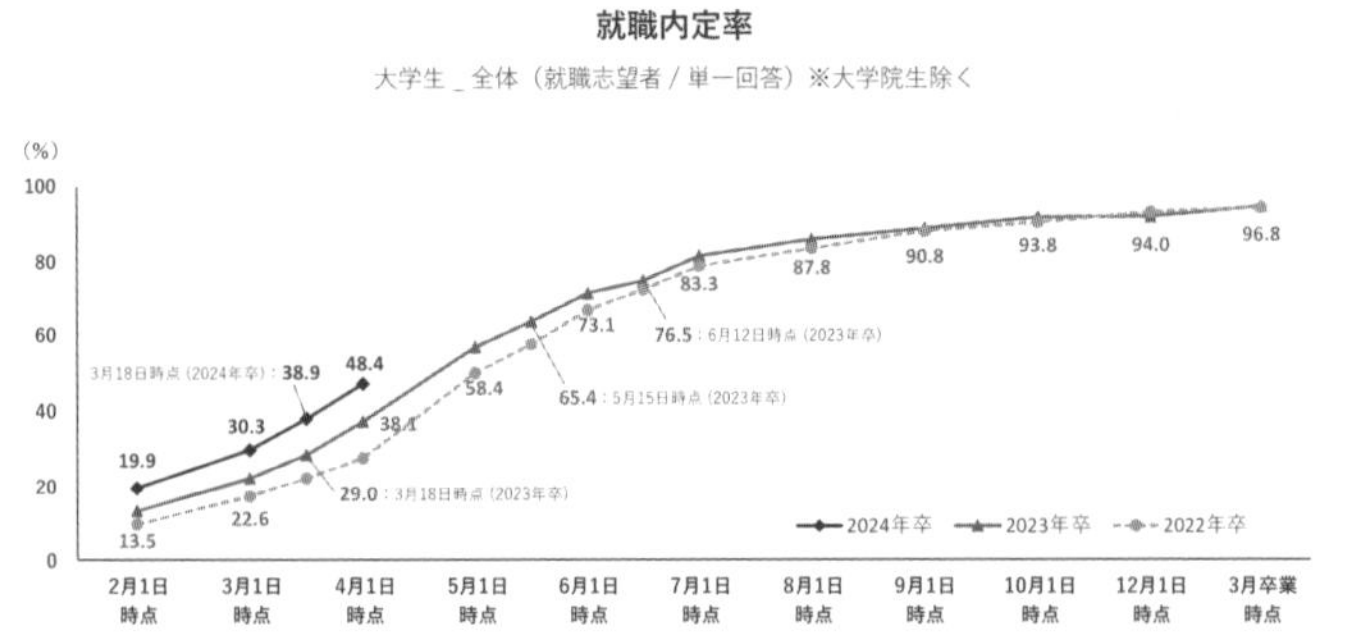

	2月1日時点	3月1日時点	4月1日時点	5月1日時点	6月1日時点	7月1日時点	8月1日時点	9月1日時点	10月1日時点	12月1日時点	3月卒業時点
2021年卒	9.0	15.8	31.3	45.7	56.9	73.2	81.2	85.0	88.7	93.4	96.1
2020年卒	5.8	8.7	21.5	51.4	70.3	85.1	91.2	93.7	93.8	95.4	95.4
2019年卒	4.5	9.8	20.5	42.7	68.1	81.8	88.0	91.6	94.0	95.4	95.9

（%）

出典：（株）リクルート 就職みらい研究所「就職プロセス調査（2024 年卒）『2023 年 4 月 1 日時点 内定状況』」2023 年 4 月 7 日

【図表２　23 年卒　内定獲得数（2023 年３月卒業時点）】

内定取得企業数

大学生 _ 内定取得者（就職志望者 / 数値回答）※大学院生除く

	1社	2社	3社	4社	5社	6社以上	2社以上・計	平均（社）
2023年卒	34.3%	27.4%	17.6%	8.6%	6.3%	5.7%	65.7%	2.50
2022年卒	39.2%	27.2%	16.1%	8.3%	5.3%	3.9%	60.8%	2.33
2021年卒	42.1%	24.8%	18.8%	5.6%	4.3%	4.3%	57.9%	2.25

出典：（株）リクルート 就職みらい研究所「就職プロセス調査（2023 年卒）『2023 年 3 月度（卒業時点）内定状況』」2023 年 3 月 27 日

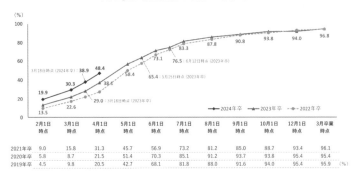

再開しました。

ちなみに、私は人材紹介事業にも携わっていますが、これらの業種の経営者からは、採用市場がもっとも冷え込んでいた時期でさえも「即戦力になる経験者がいたら紹介してほしい」と、頻繁に声をかけられました。

特に営業、ＩＴエンジニア、施工管理、ＷＥＢマーケターなどは、採用が落ち込む時期であっても争奪戦になるということを、この時期に身をもって痛感したものです。

コロナ禍による採用の落ち込みは新卒同様に中途採用マーケットでも回復が早く、２０２０年度内には右肩上がりとなり、２０２１年にはほとんどの職種でコロナ禍以前の水準を越えました。大手からベンチャーに至るまで、転職市場はむしろ加熱しているといってもいいでしょう。

特にスーパーシティ構想、グリーン戦略、カーボンニュートラル対応、ＷＥＢ3、ＡＩ、メタバースなど、成長分野におけるＣＸ（カスタマー・エクスペリエンス）やＤＸ（デジタル・トランスフォーメーション）人材に対する求人は激増、これまでにない人数を求める企業も続出しています。

これらの成長分野では、採用を成功させるために、大きく2つの動きに力を入れている傾向が認められます。

１つは業種・職種未経験者、第二新卒者などを採用して、これまでの経験を生かしてもらいつつ入社後のリスキリングに力を入れる方法です。

ミドルシニア層をジョブ型で採用する企業も増えています。

【図表3　『リクルートエージェント』代表職種別求人数推移】
※2020年1～3月期を基点とする

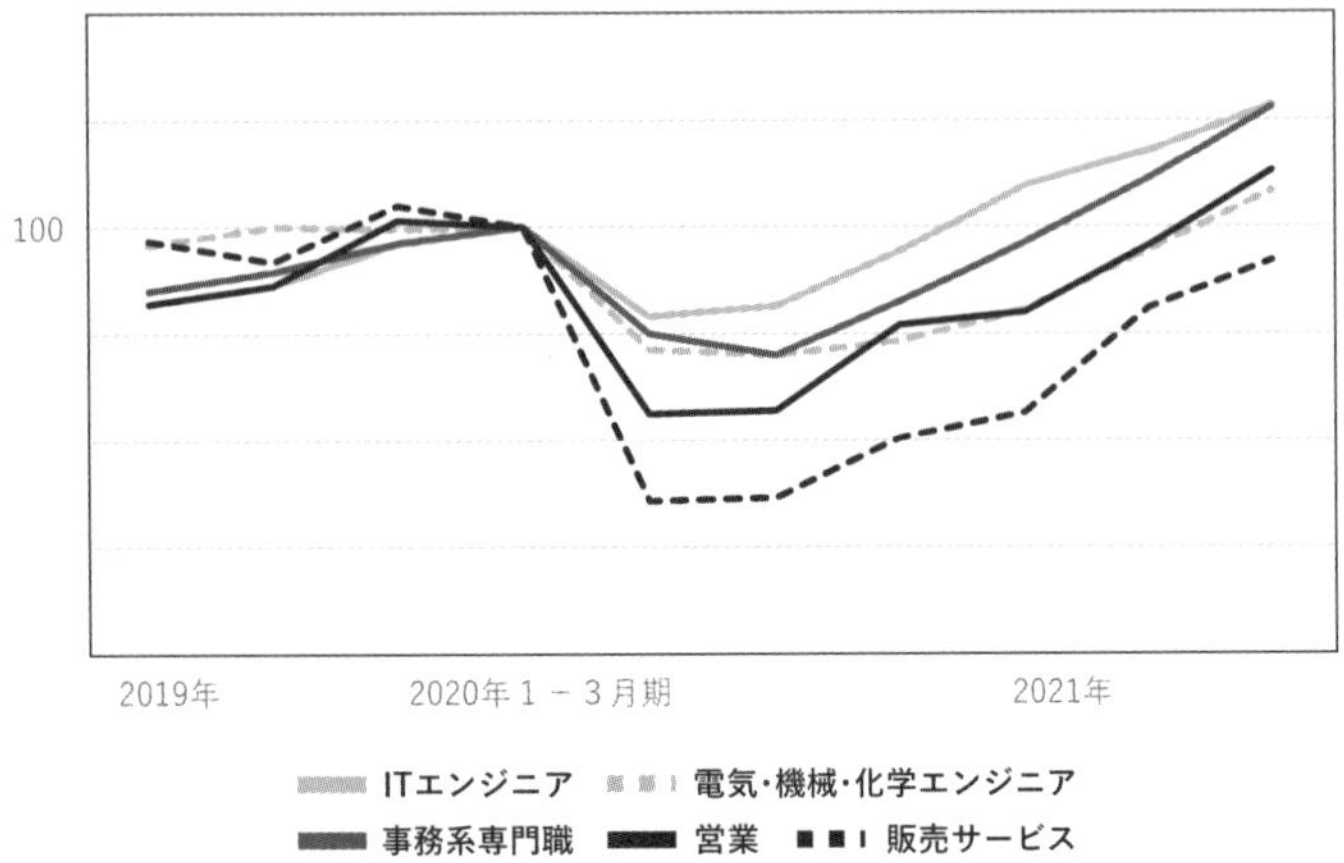

出典：(株) リクルート「2022年 転職市場の展望」2021年12月22日

もう1つは、労働条件の制約などによって有能な人材を取りこぼしてしまわないよう、ライフスタイルに応じた柔軟な労働環境を提供する方法。

特にリモートワークが可能かどうかという点が、人材確保の成否を大きく分けています。

また、求職者側の状況も見ておく必要があります。

コロナ禍に転職活動を始めた理由の1位は「会社の戦略や方向性に不安を感じたため」、2位は「よりやりがいのある仕事をしたいと思ったため」（「転職活動者の意識・動向調査２０２１」（株）リクルート　２０２１年4月19日）となっています。

単なる年収アップなどではなく、コロナ禍をきっかけとして自分のキャリアや働き方を見直し、軌道修正を求めて転職先を探したことが見て取れます。

こうした求職者の思いをどこまでくみ取り、どこまで柔軟に対応できるのか？

それによって、これからの中途採用の成否は変わってくるのではないでしょうか。

2　少子高齢化と人材不足による超採用難時代へ

18歳人口の減少に伴い、新規大卒者の減少も

現在の日本の人口は1億２５５０万人（２０２１年10月1日時点）ですが、２０５３年には、1億人を割り込んで９０００万人台に突入することが予想されています。

【図表４　日本の総人口及び人口構造の推移と見通し】

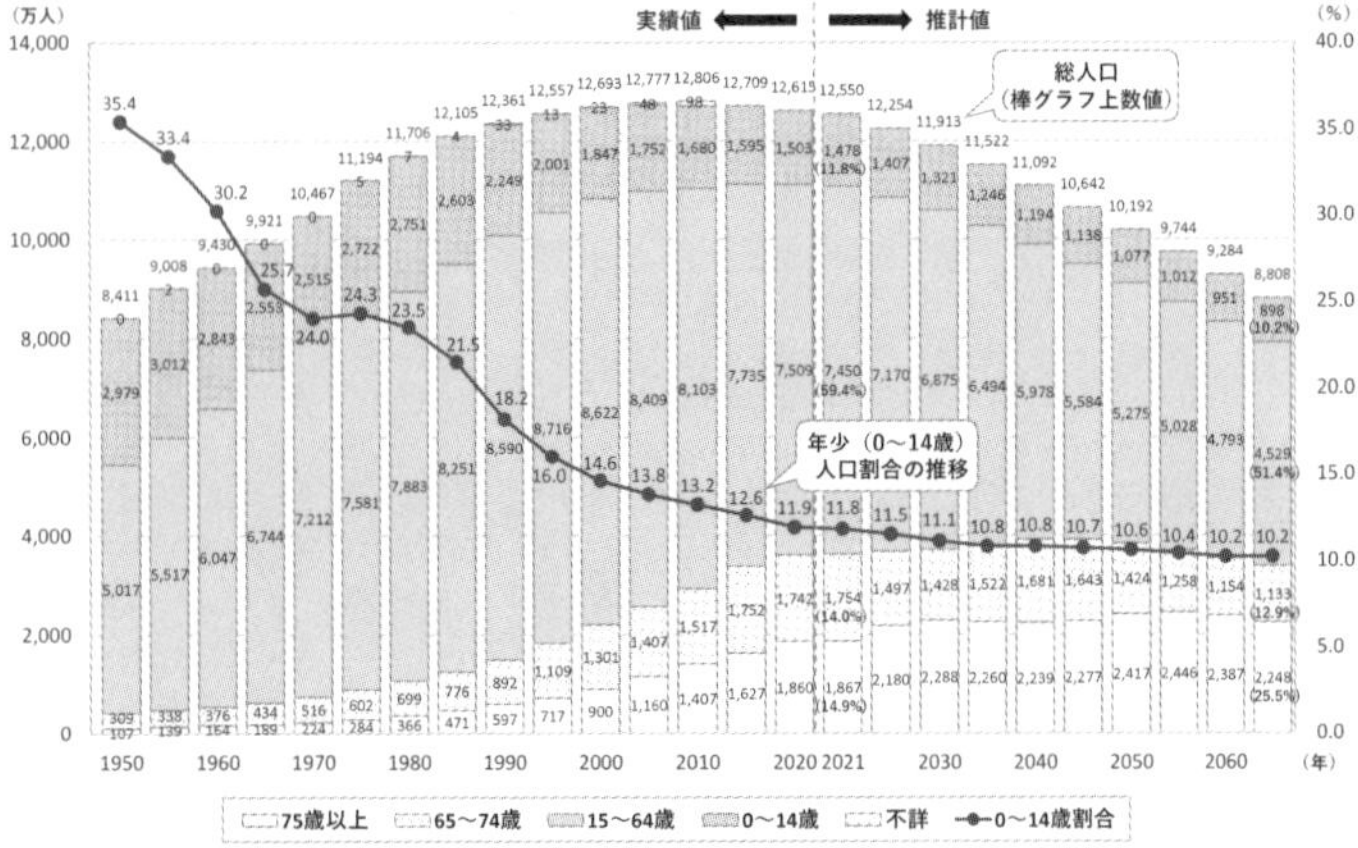

出典：内閣府「令和４年版 少子化社会対策白書」

【図表５　大学進学者数等の将来推計】

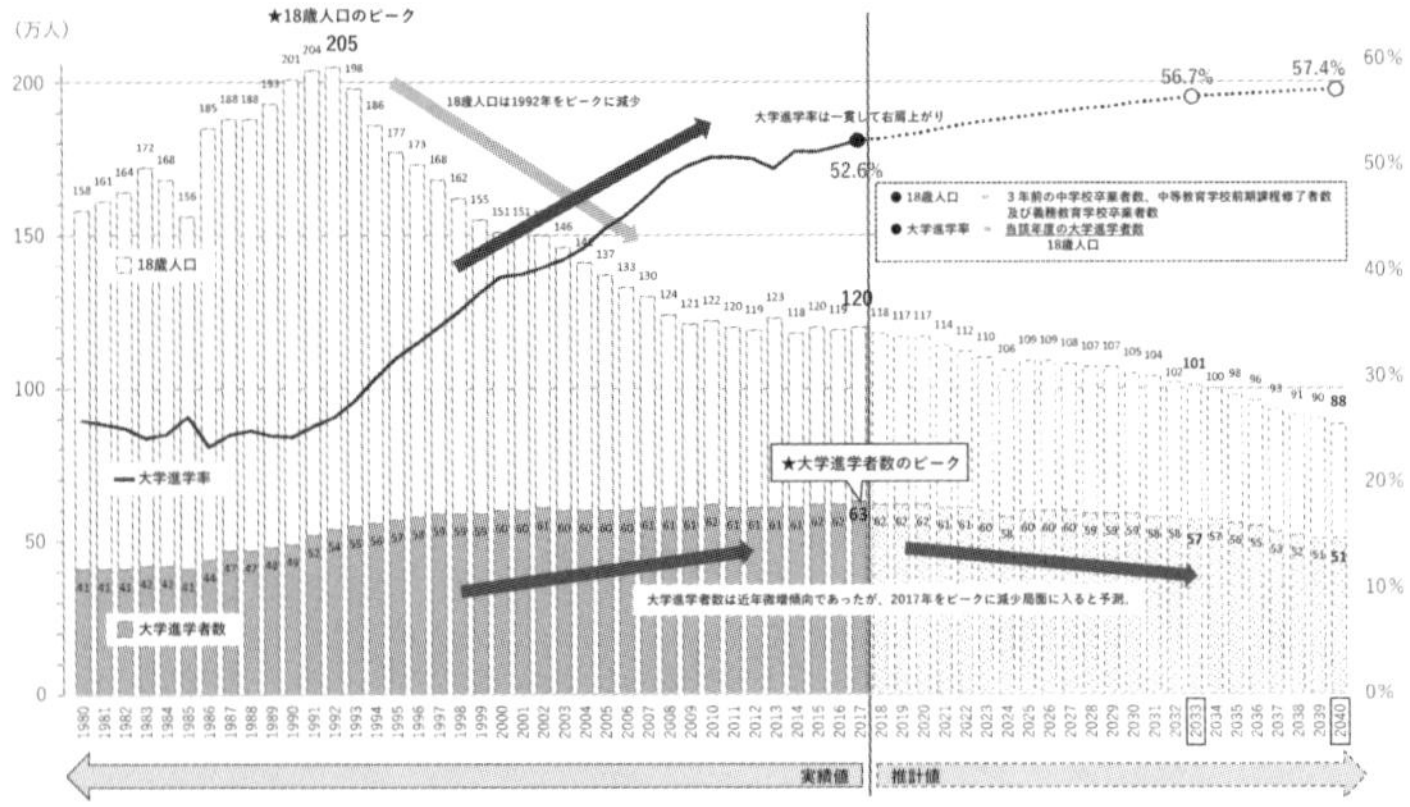

出典：文部科学省（H30.2.21 中央教育審議会大学分科会 将来構想部会（第 13 回）資料２より）

さらに２０６５年には65歳以上が人口の38・４％を占めると見込まれています（図表４）。この数を見ただけでも、若い世代の採用が年々難しくなっていくことは一目瞭然ですね。

また、18歳人口については、２０３３年には１０１万人にまで落ち込むとの見通しです。これは２０１７年に比べると約16％減（図表５）。つまり、２０１８年卒の就活生（民間企業対象）が約42万人だったことから計算すると、約６万７２００人が減少すると推計できます。

加えて、新卒採用をメインとしている企業が注目しなければならないのは、「新規大卒者」の人数が22年卒から減少に転じるという「２０２１年問題」です。これまで少子化が騒がれながらも新規大卒者は増加していたため、新規大卒者を求める企業にとっては少子化よりも景気の悪化が採用の障壁になっていました。けれども、これからは景気の善し悪しに関わらず、常に「新規大卒者の採用の難易度は高い」という状況が続くことになります。

新卒生獲得に向けて激化する競争

こうした前代未聞の少子高齢化に対して、これまで以上の熱意で新卒生獲得に乗り出す企業も少なくありません。そうした企業の間で定着しつつある採用手法が、これから見ていくインターンシップとダイレクトリクルーティングサービスです。

インターンシップは「就業体験」や「就労体験」とも呼ばれていて、学生が実際に仕事を体験する制度のこと。他社に先がけて母集団を形成しようと躍起になっている企業の多くは、大学３年生をインターンシップに誘導し、さまざまな優遇を与えて内々定へと持ち込んでいます。

先ほど「3月1日の時点で約3人に1人がすでに内定を獲得している」とお伝えしましたが、これこそインターンシップが激化していることの表れでしょう。

このような状況の裏では、知名度で就活生を集められる大手企業・人気企業と、知名度では劣る中小企業の採用格差が広がりつつあります。

とはいえ、マンパワーに余裕のない中小企業が、「とりあえず、形だけでもインターンシップをやっておかねば……」と安易に着手してしまうと、参加者に悪印象を残すだけで、むしろ逆効果になりかねません。開催するのであればしっかりと企画を練ること。そこまで手が回らないのであれば、無理に開催する必要はないのではないでしょうか。

自社にマッチするプロフィールを持った就活生に直接アプローチする、という手法のダイレクトリクルーティングの流行も定着しつつあります。

これは、ビズリーチの台頭と共に中途採用市場で急速に広がりを見せたサービスですが、今では「オファーボックス」のように新卒採用に特化したサービスも珍しくありません。就職サイトで広く求人を募るよりも効率良く採用を進められるため、今後はさらに発展していく可能性もあるでしょう。このような手法については、第4章で詳しくお伝えします。

ちなみに、新卒採用においては、政府・経済界による従来の新卒一括採用ルールを見直す方針が示されています。今後は時期に左右されずに、自由に採用活動ができる「新卒通年採用」となっていくため、競争激化に拍車がかかることになるでしょう。

こうした政府主導の動きにうまく乗っているのが前述した「オファーボックス」です。これまで政府・経済界の新卒一括採用ルールを忠実に守ってきた就職サイトの老舗であるマイナビやリクナビが今後どういう動きをするのか、個人的にはその点にとても注目しています。

新たに生じつつある問題

このように新卒生獲得競争が激化する中、内々定を出した就活生に対して大学から推薦状を求める企業が増えていることが問題となっています。大学から推薦状を出してしまえば、就活生は「もう内定辞退は不可能なのではないか?」、「これで辞退したら、大学に泥を塗ることになるのではないか?」などと考え、心理的に縛られてしまいます。

内定を承諾するのか辞退するのかは、就活生の自由であるはず。

このように選考が進んでから、または内定を出してから推薦状を求める行為に対しては、複数の大学から非難の声があがっています。

これ以外にも、内定承諾者の保護者向け説明会やパンフレットの制作、先輩社員との懇親会回数の増加など、企業はあの手この手で内定者を逃さないようにしています。たしかに、売り手市場に傾いている現在、採用活動に多大なコストをかけている企業が必死になることは理解できます。

とはいえ、どこまでが内定者との健全なコミュニケーションの範疇であり、どこからが「縛り」

になるのかを熟考し、決して縛ることがないようにしたいものです。無理に採用したところで、入社後にミスマッチから早期離職されてしまえば元も子もありません。

3　高まるZ世代（脱ゆとり世代）の影響力

Z世代を理解しなければ、新卒採用は失敗する

Z世代とは、1990年代後半から2015年頃までに生まれた若者たち（2023年時点で27歳以下の若者たち）のことを指します。いうまでもなく新卒生すべてがZ世代であり、中途市場にもすでにこの世代が入ってきていることを考えると、「彼らに刺さるメッセージを投げかけられるかどうかが採用の成否を分ける」といっても過言ではないでしょう。

40～50代の採用担当者は、「何を考えているのかよくわからない」と彼らに対するジェネレーションギャップに戸惑うこともあるかもしれません。まずは、特徴をつかんでおきましょう。

Z世代の特徴①／デジタルネイティブである

彼らが生まれたのは、Windows 95誕生の少し後。つまり、この世代は、インターネットとともに成長してきたデジタルネイティブです。小学生の頃からSNSに馴染んでいた人も多く、SNSから情報を得ることにも、自ら情報発信することにも慣れています。相手が上司であっても気後れ

せずにコミュニケーションを取る傾向があるのは、ＳＮＳの中で世代や立場が違う相手とやりとりすることに慣れているからなのかもしれません。

ただ、「この世代はインターネットに慣れているのだから、関心さえあれば、無名の会社であっても自力で見つけ出してエントリーしてくれるだろう」と思うのは早計でしょう。

考えてみてください。昨今、多くのＥＣサイトが購入履歴等からユーザーの好みをＡＩ分析し、「あなたへのおすすめ商品」を割り出して情報提供をする、というマーケティング手法をとっていますよね。コーディネート一式を提案されて、思わず購入ボタンを押してしまった経験のある方もいらっしゃることでしょう。インターネットに慣れている世代ほど、このような買い物の仕方をしがちなのではないでしょうか？

つまり、この世代は欲しいものを自分でゼロから探すのではなく、自分に向けてパッケージされた情報が降ってくるのを待っている傾向があるのです。新卒をメインで採用する企業であれば、Ｚ世代のこのような行動特性をつかんでおく必要があるでしょう。

Ｚ世代の特徴②／「多様性」や「ＳＤＧｓ」というキーワードに親しんでいる

彼らが育ってきた時代は「多様性」、「ダイバーシティ＆インクルージョン」、「ＳＤＧｓ」などの言葉が大きく取り上げられた時代。これらのキーワードについてはすでに学校教育においても叩き込まれています。その結果として、マイノリティとされる方々の考え方を尊重したり、気候変動を止めるために生活を見直したりするなど、Z世代には「誰もが暮らしやすい社会をつくるために貢献したい」という姿勢が多々見られます。

SNSを通して、海外の文化や自分とは異なる価値観を持つ人々に触れる機会が多いことも、その理由の1つでしょう。たとえ冗談だとしても、面接官が社会貢献を軽視するようなことを口走れば、「ここは前近代的な会社なのではないか？」などといった違和感を抱かれてしまう可能性があります。

ただ、SNSは同じ意見をもつ人同士がつながりやすいため、同質の意見を見聞きし続けることによって自分の意見が強固なものとなり、逆に多様性からかけ離れていく「エコーチェンバー現象」が起こりやすい環境です。

「Z世代はSNSで多様な価値観に触れているから柔軟である」などと勝手に思い込まず、丁寧なコミュニケーションが必要であることはいうまでもありません。

Z世代の特徴③／保守的・現実的な側面を持つ

この世代は、保守的かつ現実的な側面を持っていることも見逃せません。

その理由としては、すでに子ども時代からリーマンショックや東日本大震災についてのニュースを見聞きしている点があげられることが多いようです。両親の職業や居住地域によっては、当事者として、暮らしの基盤が傾く体験をした若者もいることでしょう。

また23年卒、24年卒の就活生であれば、大学時代がほとんどコロナ禍と重なっています。

日本では、社会がほとんど日常に戻っても、キャンパスライフはオンラインが中心だったため、この世代は私たちが想像する以上にコロナ禍による社会不安を感じてきた可能性があります。それが企業選びにおいても保守的な感覚が前面に出てくる原因なのかもしれません。

ちなみに、人事労務分野の情報機関である産労総合研究所は、23年入社の新入社員の特徴を、「可能性は∞（無限大）ＡＩチャットボットタイプ」と発表しました。

今年の新入社員は、学生生活だけではなく、就職活動においてもオンラインが主流で、対面でのコミュニケーション不足という未熟さや不安を抱えています。

一方で、デジタルツールから答えを導き出すスキルには長けています。

あたかもＡＩチャットボットが適切なデータを取得することで進化していくように、今年の新入社員も適切なアドバイスを受けることで、想定を超える成果を発揮する可能性に満ちていると評されました（出典：産労総合研究所「２０２３年度（令和５年度）新入社員のタイプ」）。

みなさんも覚えがあると思いますが、若い頃にした経験ほど、その後の考え方や価値観に大きな影響を与えるものです。

私たちでさえ大きな衝撃を受けた社会環境の変化が、Ｚ世代にどれほどのインパクトを与えたかは想像に難くないでしょう。

Z世代の職業観を理解する

Z世代はワークライフバランスを重視する傾向が顕著で、「時間もお金も、プライベートを充実させるために使いたい」と考える人が多いようです。その上で、仕事に求めるのは「楽しく働くこと」がもっとも多く、38・9％を示しています（図表6）。「楽しく働くこと」は、この10数年1位をキープし続けていますが、24年卒はとりわけその傾向が強いようです。

逆に、働きたくない会社としては「ノルマのきつそうな会社」が38・2％で1位となっています（マイナビ2024年卒大学生就職意識調査）。現在40～50代であれば「人生を賭けられるような仕事に就き、昼夜関係なく打ち込んで成果をあげ、いずれは出世したい」という職業観を抱いて就職活動をした方も多いのではないかと思います。

改めて、Z世代の価値観を腹落ちさせた上で、企業ブランディングなどに生かしていく必要がありそうですね。

コロナ禍の影響を受けた21年卒から24年卒にかけて、Z世代の会社選びのポイントの中で1位となっているのは「安定している会社」です（図表7）。

この点は、ここ10年ほどじわじわと増加し、20年卒でそれまで圧倒的な1位を保っていた「自分のやりたい仕事（職種）ができる会社」と逆転しました。

【図表６　就職観の推移（10 年卒～ 24 年卒）】

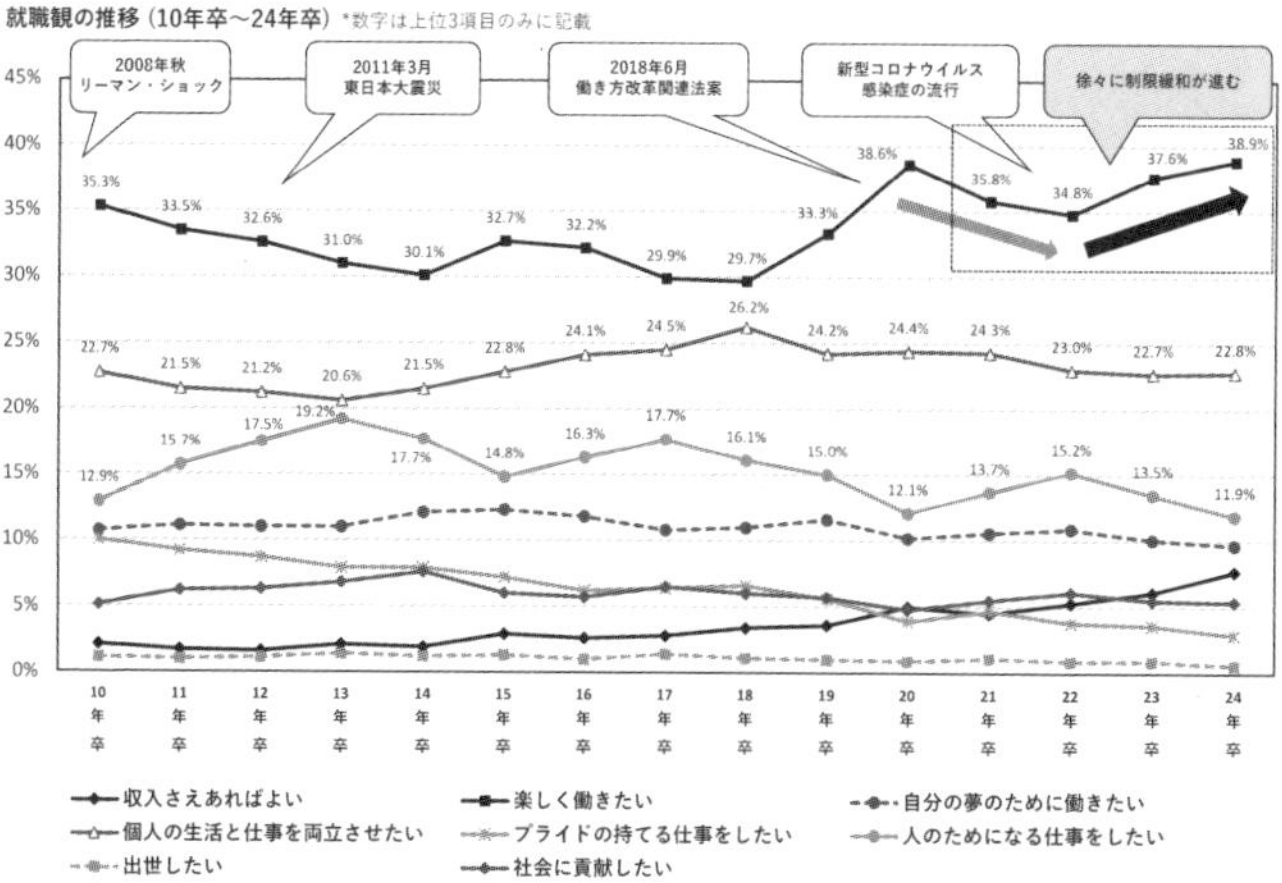

出典：（株）マイナビ「マイナビ 2024 年卒大学生就職意識調査」2023 年４月

【図表７　企業選択のポイント（10 年卒～ 24 年卒）】

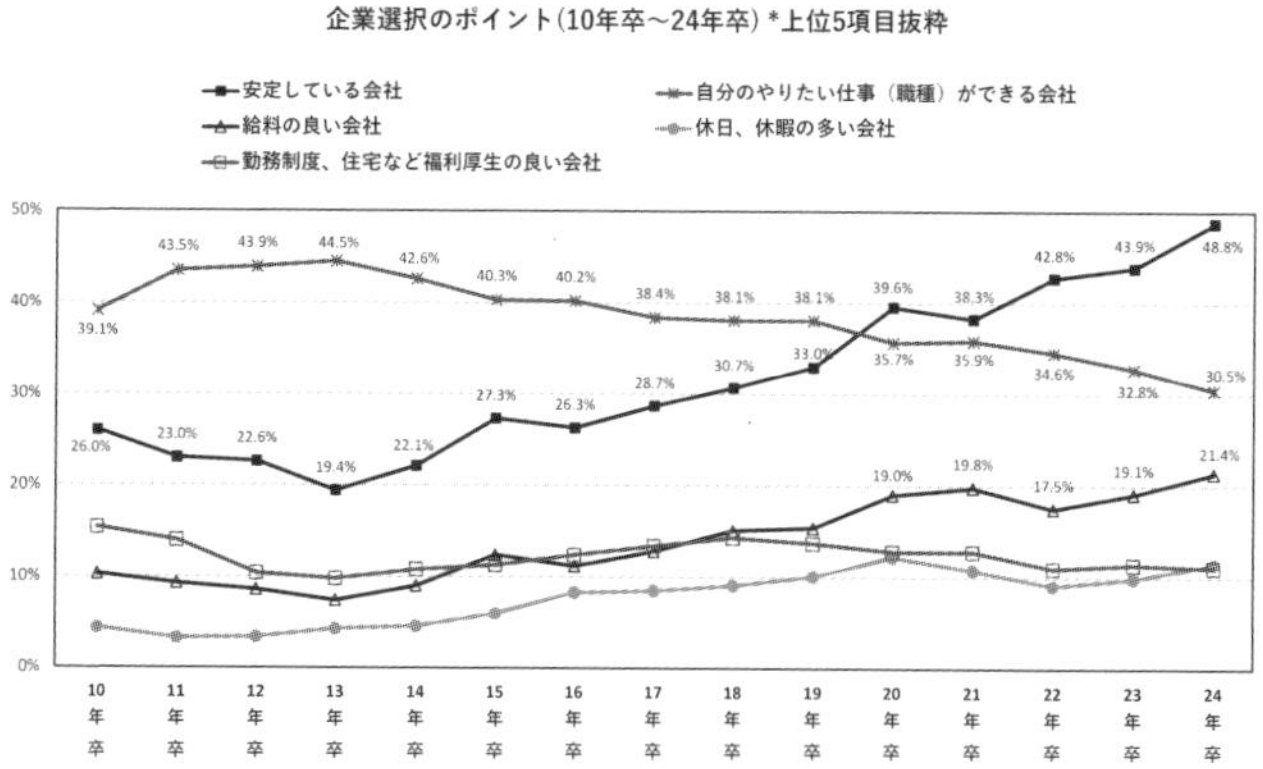

出典：（株）マイナビ「マイナビ 2024 年卒大学生就職意識調査」2023 年４月

何が起こっても不思議ではないと誰もが感じている「ＶＵＣＡ」の時代、コロナ禍も相まって若い世代に不安が蔓延していると見て間違いないでしょう。

それでは、就活生は企業のどこに「安定性」を感じるのでしょうか？ アンケートでは上位から「福利厚生」、「安心して働ける環境かどうか」、「売上高」と並んでいます（マイナビ２０２４年卒大学生活動実態調査（３月））。

「大企業に就職することが人生の成功」という感覚はもはや時代錯誤。名だたる大企業が大規模なリストラを行ったニュースも見てきているＺ世代にとって「大手企業＝安定している」という等式は成立しません。

ということは、裏を返せば、ブランディング次第では中小企業にも成功の可能性は十分にあるということです。

またＺ世代の特徴として「多様性」や「ＳＤＧｓ」というキーワードに親しんでいるという点をあげましたが、「エシカル就活」といった言葉もあるように、事業として社会課題の解決に取り組む企業を志望する就活生も現れ始めています。

人権や環境というキーワードは不安定な時代ほど注目を集めやすいもの。

採用担当者は企業ブランディングなどの際に、自社の社会貢献の現状について棚卸ししてみるのもいいかもしれません。

４　採用活動の主戦場は「ＷＥＢ・オンライン」へ

オンライン採用のメリット

オンライン採用のメリットは、とりわけ新卒生において顕著です。

なぜなら、彼らにとって、時間と交通費を使って複数の会社説明会に出向くというのは大きな負担になります。特に大都市圏での就職を考えている地方在住の就活生は、かなりの無理を強いられることになります。

これまでであれば、「多少の興味をもった程度で会社説明会に参加するのは難しい」という就活生も少なくありませんでした。それがオンラインになったことで、少しでも興味が湧けば、気軽に説明会等に参加できるようになったのです。

企業側にもメリットはあります。

「ウチはプレゼン力やコミュニケーション力はあるから、説明会にさえ来てもらえれば十分に母集団形成できる自信があるのだけれどなかなか足を運んでもらえない」といっていた企業にとって、思わぬ形で課題をクリアできたのがコロナ禍による採用のオンライン化だったのです。母集団さえしっかりと集められれば、その先の成果は目に見えて変わってきます。

これまで、採用広報にはしっかりと取り組んできたものの、なかなか母集団が集まらないために成果が出なかった企業は、オンラインの導入によって結果を出しやすくなるでしょう。

オンライン採用にはデメリットもある

ただ、デメリットも多々あります。

まず、実際に社屋に足を運ばないため、その企業の雰囲気や働いている人たちの熱意を就活生が肌で感じることができないことです。それゆえに自分とのフィット感を推し量れず、選考に進むべきなのかどうかを決め切れなかったり、内定が出ても「この会社でがんばっていこう」と思えず内定辞退に至ってしまうケースが見受けられます。

また、「自宅でオンライン説明会を視聴する」という状況では、緊張感の欠落などから重要な情報を聞き漏らしてしまいがちです。対面の場合には、帰り際にスタッフに声をかけて話を聞くことはそれほど難しくありませんが、オンライン上で挙手して質問するのは勇気がいるものでしょう。不安をうやむやにしたまま選考に進んでしまった就活生が、最終的に内定辞退に至ってしまったというケースも耳にしたこともあります。

企業側は、「オンラインの場合は熱量も情報も対面ほど伝わっていない可能性がある」という認識をもって、丁寧なフォローを心がける必要があるでしょう。

逆にいえば、オンライン採用では対面採用よりも内定辞退が増える可能性があるとの想定から、しっかりと母集団形成をしておく必要があるともいえます。

これは意外と抜けてしまいがちな点であると私は考えています。

採用活動の軸はどこまでも「人」

採用がオンライン化して間口が広がった反面、内定辞退が増えたことをお伝えしました。

それゆえ、これまで以上に重要になるのが、採用担当者のコミュニケーションスキルです。

短い採用期間のうちに会社の魅力を十分に伝え、求職者から「この人とぜひ一緒に働きたい」と思ってもらうためには自分の言葉で、自分自身の職業観までしっかりと語ることが求められます。

また求職者が何を不安に感じているのか、何がネックになって内定承諾を躊躇しているのかなど、相手の懸念点を会話の中から感じ取ったり、腹を割って率直に想いを伝えてもらったりするようなコミュニケーション力も必要です。

さらに、オンライン化によって母集団形成が容易になった分、採用広報の優劣で成果が大きく左右されるようになりました。

後ほど詳しくお伝えしますが、自社が「どのような人材を」求めているのか、「誰に」「何を」伝えるために「どのような求人広告を」つくりたいのか、社内で十分に話し合ってコンセンサスを取ることが必要です。

こうした基本設計がぐらついていると、結果的に優秀な人材を逃してしまいかねません。

どれだけＷＥＢが発達しても、最終的に内定を出すのも、一緒に働くのも、すべて「人」です。

WEBとはあくまでも、便利なツールの1つに過ぎません。

時々「オンラインツールを使いこなしているから、自分たちは大丈夫」といった採用担当者に出会うことがありますが、最後は「人対人」だということは忘れずにいたいものです。

◆コラム◆「若手が採れない！」地場系建設業界の戦略は？

若手の人材不足に悩む業界の一例として、私が人材紹介事業で携わっている建設業界について、この場をお借りして少しお話ししたいと思います。

10年ほど前まで、いわゆる地場系の建設会社における施工管理職、設計職などの中途採用は、未経験者ならせいぜい25歳あたりまでだといわれていましたが、今では、その年齢はじわじわと上昇し続けています。

私が知っている限り、最近、施工管理として採用された未経験者の最高年齢は48歳。即戦力となる経験者であれば、71歳の方が正社員として採用されたこともありました。

もちろん、スーパーゼネコンであれば若手からも引く手あまたです。けれども、従業員100人未満の地場系建設会社では、若手の採用があまりにも難しく、年齢制限を緩めざるを得ないというのが現状なのです。

実際、仕事そのものは受注できているにもかかわらず、社員が足りなくて倒産する会社はかなり増えています。

なぜ、建設業界ではこれほどまで若手を採用できないのでしょうか?

その理由は、単なる少子化の影響だけではありません。

「建設業界で働く＝職人としてキツい力仕事をする」というイメージが強く、ホワイトカラーの仕事を求める大卒の求職者から敬遠されてしまうのです。

もちろん、職人に憧れて建設業界に入ってくる若者は今も一定数存在するため、決して職人的な力仕事が全面的に不人気だというわけではありません。

それでも、施工管理職や設計職でも活躍する余地がまだ大きく残っているということは、もっとアピールする必要があるのかもしれません。

建設業界の採用事情を長年見てきた私にとって、書類作成、工程管理、品質管理などを行う施工管理という技術系管理職は、若い世代におすすめしたい仕事の1つです。

たしかに、早朝勤務や夜勤があったり、現場を巡回したり、ときには、足場に登って現場の写真を撮影したり……と、デスクワークに収まらない仕事ならではの苦労はありますが、現場の作業をするわけではありません。

また、下積みを経て40～50代になって初めて一人前の施工管理者になるというイメージをもたれがちですが、それはよく耳にする誤解です。

最初から施工管理というポジションで入社して、訓練を積んでいくのです。

おすすめしたい理由の1つは、その待遇と転職時の条件のよさです。とくに今は、給与を高めに設定することで若手に訴求する企業も増えています。

未経験の若手に対して、初年度年収350～400万円を提示するケースも少なくありませんし、2024年の働き方改革関連法施行を見越して、大幅なテコ入れを実施する会社が増えているなど、働き方改革もスピード感をもって進んでいます。

また、施工管理者としての技術を確実に身につけていれば、40～60代になってから先も年収700～900万円台での転職が見込める点も大きな魅力です。さらに、全国を飛びまわって大型の現場を仕切るような実力がある人は、年収800～1200万円での転職もあり得るでしょう。転職時の年収だけでなく、しっかりと実績を積むことでその後の年収が着実に上がっていく企業が多いことも魅力です。

そもそも一般企業の営業職であれば、40代後半での転職成功率自体が1割程度にとどまります。比較してみると違いがよくわかるかと思います。

施工管理職を若手におすすめしたいもう1つの理由は、IT化が急速に進んでいることです。国土交通省が推進しているIT技術の活用の取り組み「i-Construction」や「建設DX」という言葉を聞いたことがある方もいらっしゃることでしょう。

測量にドローンを利用したり、ロボットを遠隔操作することで危険な作業を減らしたり、またはタブレットを使って現場の施工管理をするなど、これまでとは求められる能力も変わっています。そのような意味で、建設業界は、若手にとって刺激的かつ、やりがいの大きな業界に変貌している最中にあると考えています。

さらにいえば、ＩＴ化に伴って多くの職種が淘汰されていく中、コミュニケーションが大きな要素となる施工管理職は淘汰される可能性が低い、という点も見逃せません。

私たちが地場系の建設会社に提案しているのは、施工管理職として若手のみを募集するのではなく、若手の指導役として50～60代のベテラン層もしっかり採用していくこと。

というのは、かつては、若手５人に対してベテランは１人しかつかず、「背中を見て覚えろ」が当たり前の時代でしたが、いまはマンツーマンで丁寧に教えていかなければ、早期離職につながりかねないからです。

せっかく入社してくれた若手の離職率を下げるためにも、「若手を採用するなら、50～60代のベテランもセットで採用する」という取り組みは非常に効果的です。

若手の採用が難しすぎるために高齢者を採用せざるを得ない、といった苦しい現実もたしかにありますが、「ベテランを活用して若手の育成に尽力することで会社の若返りを図る」というのは、とても重要な視点ではないでしょうか。

施工管理職について若い世代が抱いている誤解を解き、仕事内容を正しく理解してもらうこと、そしてベテランに若手の指導役として活躍してもらうこと。

建設業界は、この２点を徹底することで、採用事情が激変する可能性を秘めているでしょう。

少し大げさかもしれませんが、かなり真剣にそう考えています。

＜第1章まとめ＞

- ❑ 新卒採用、中途採用ともに、人材採用マーケットはコロナ禍以前の勢いを取り戻し、売り手市場となっている。

- ❑ 少子高齢化社会において、新卒獲得競争が激化。
インターンシップという形で大学3年生に接触し、囲い込む企業が増えていることもあり、就職活動解禁日である3月1日には、約3人に1人がすでに内定を獲得している。

- ❑ Z世代とは、2023年時点で27歳以下の若者のこと。すでに中途採用のマーケットにもZ世代が入ってきている今、若手の採用を目指すなら、彼らの職業観の理解は必須。

- ❑ コロナ禍以降、定着したオンライン採用。
メリットは多いものの、「最終的に一緒に働くのは人である」という原点は忘れずに。

第2章　採用のカギを握る母集団形成

1　求職者心理で考える採用フロー

「5つのステップ」ごとの求職者心理把握が採用活動の出発点

ある企業に関心をもち、就職・転職先として検討している求職者の集団をHR業界では「母集団」と呼び、採用広報によってその人数を集めることを「母集団形成」といいます。

採用活動全体のうち、私が専門的に支援しているフェーズが、まさにこの部分。

本書は、この「母集団形成」のノウハウについてお伝えするものですが、本題に入る前にまずは採用活動の全体像を俯瞰して見てみましょう。私は、図表8〜10のように、採用活動を5つのステップに分けて見ています。それで可能になることがいくつかあるからです。

1つは、ステップとともに変化していく求職者の心理を正確に把握することで、離脱要因を排除し入社への意欲と期待を高められること。もう1つはステップごとのKPIを設定できることです。「最終的に○人採用するには最終面接通過者が○人、内定が○人、内定辞退が○人と想定して、母集団は最低限○人集めなければならない」という人数を設定し、各選考過程でこの人数を正確にキープしていくことで、採用の成功率はかなり上がります。

さらにいえば、採用がうまくいかないときも、こうして採用をステップごとに分解して、例年どこでつまずきがちなのかを分析してみることで、解決の糸口がつかめる場合が多々あります。

【図表８　採用活動５つのステップ①】

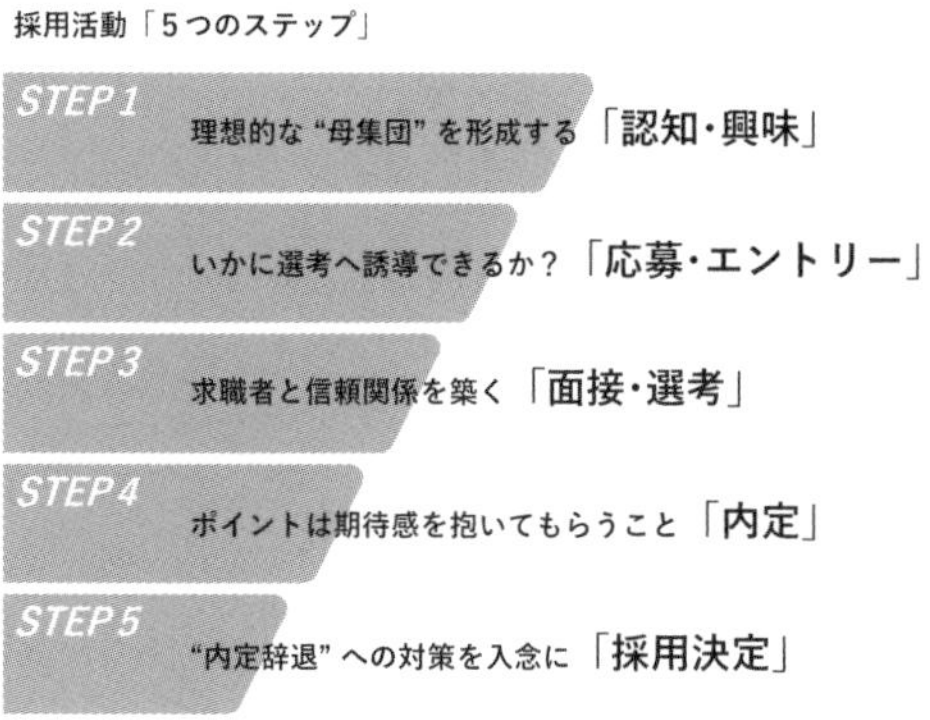
採用活動「５つのステップ」
STEP 1
理想的な“母集団”を形成する「認知・興味」
STEP 2
いかに選考へ誘導できるか？「応募・エントリー」
STEP 3
求職者と信頼関係を築く「面接・選考」
STEP 4
ポイントは期待感を抱いてもらうこと「内定」
STEP 5
“内定辞退”への対策を入念に「採用決定」

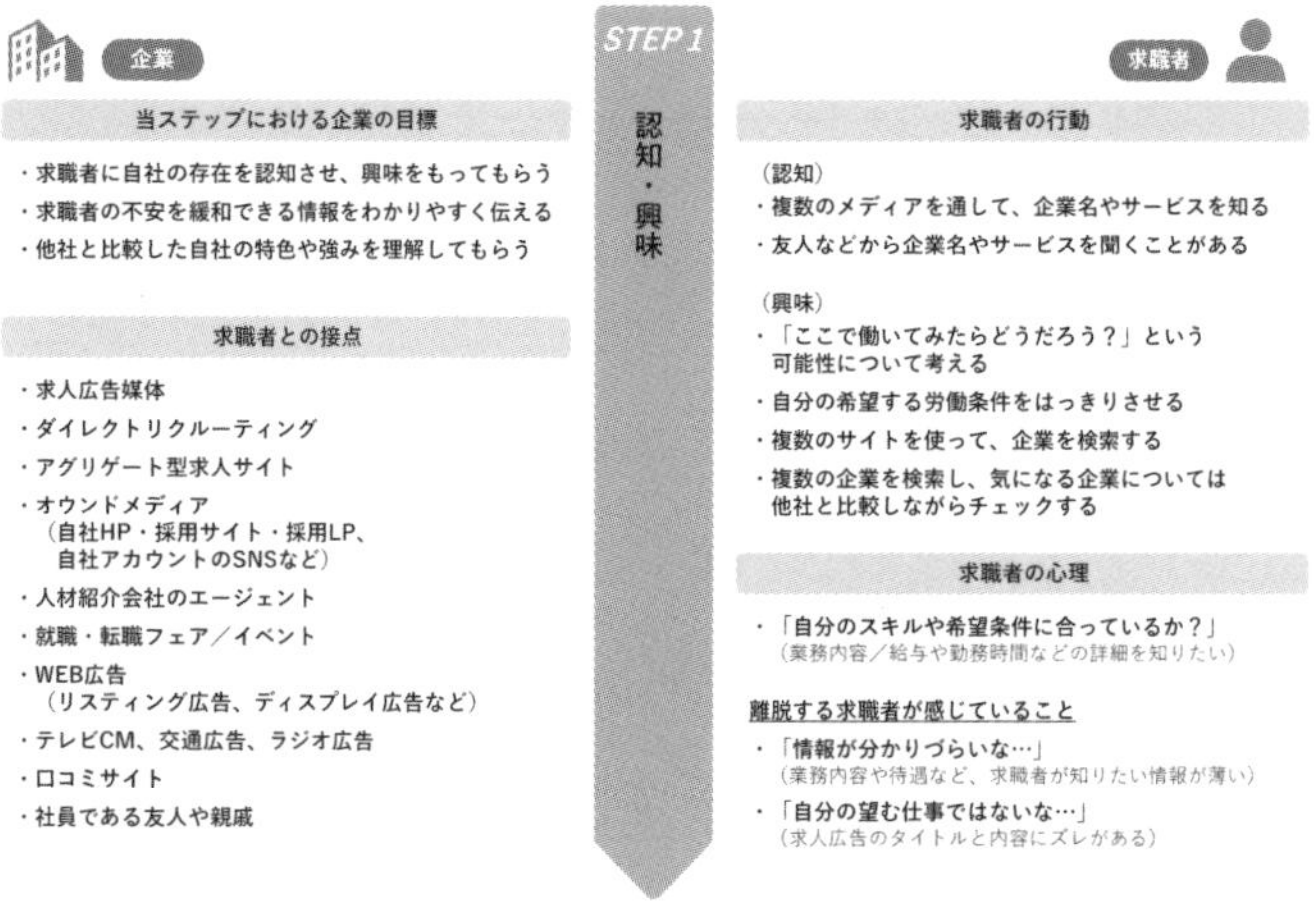
企業
STEP 1
認知・興味
求職者
当ステップにおける企業の目標
・求職者に自社の存在を認知させ、興味をもってもらう
・求職者の不安を緩和できる情報をわかりやすく伝える
・他社と比較した自社の特色や強みを理解してもらう
求職者との接点
・求人広告媒体
・ダイレクトリクルーティング
・アグリゲート型求人サイト
・オウンドメディア（自社HP・採用サイト・採用LP、自社アカウントのSNSなど）
・人材紹介会社のエージェント
・就職・転職フェア／イベント
・WEB広告（リスティング広告、ディスプレイ広告など）
・テレビCM、交通広告、ラジオ広告
・口コミサイト
・社員である友人や親戚
求職者の行動
（認知）
・複数のメディアを通して、企業名やサービスを知る
・友人などから企業名やサービスを聞くことがある
（興味）
・「ここで働いてみたらどうだろう？」という可能性について考える
・自分の希望する労働条件をはっきりさせる
・複数のサイトを使って、企業を検索する
・複数の企業を検索し、気になる企業については他社と比較しながらチェックする
求職者の心理
・「自分のスキルや希望条件に合っているか？」
（業務内容／給与や勤務時間などの詳細を知りたい）
離脱する求職者が感じていること
・「情報が分かりづらいな…」
（業務内容や待遇など、求職者が知りたい情報が薄い）
・「自分の望む仕事ではないな…」
（求人広告のタイトルと内容にズレがある）

【図表９　採用活動５つのステップ②】

STEP 2　応募・エントリー（母集団形成）

企業

当ステップにおける企業の目標

・求職者の「応募したい」という意欲を高める
・分かりやすく、手軽な応募フローをつくる
・応募エントリーがあったらスピーディに対応する

求職者との接点

・求人広告媒体
・ダイレクトリクルーティング
・アグリゲート型求人サイトの直接投稿求人
・オウンドメディア
（自社採用サイト・採用LP）
・人材紹介会社のエージェント
・就職・転職フェア／イベント

*新卒採用の場合
「応募･エントリー」の後に「会社説明会」があります。自社を認知し、興味をもってくれた就活生を会社説明会に誘導、さらに参加した就活生を選考まで誘導するために、企業側は就活生と細やかなコミュニケーションをとる必要があります。

求職者

求職者の行動

・その企業や求人広告の内容が信頼に値するのかチェックする
・口コミ情報をチェックする
・提出予定の履歴書や職務経歴書を確認する
・応募する（求人広告媒体、企業のオウンドメディア、人材紹介会社のエージェントなどを経由）
・企業からの連絡をチェックし、選考の手続きへと進む

求職者の心理

・「書類はこれで大丈夫か？」
・「応募方法は間違っていないか？」
・「応募したが、きちんと返事はくるだろうか？」

離脱する求職者が感じていること

・「信用できないような気がする…」
（周囲からの悪い噂、口コミサイトの低評価など）
・「応募作業が面倒で、嫌になった」
（応募フォームが煩雑／提出書類が多いなど）
・「応募したって、どうせダメだろう」
（求められている人材のスペックが高すぎる）
・「放っておかれているような気がする…」
（応募したのに企業からの連絡が遅い）

STEP 3　面接・選考

企業

当ステップにおける企業の目標

・面接・選考の日程調整など、スピーディに対応する
・面接を通して、求職者と信頼関係を築き
「ここで働きたい」という入社意欲を高める
・求職者からの質問に丁寧に答え、疑問を払拭する

求職者との接点

・採用担当者
・面接官
・（対面での面接の場合）働いている全社員
*求職者に会社の雰囲気を見られていることを理解する

<求職者が企業研究・面接対策を行う際の接点>
・オウンドメディア
（自社HP・採用サイト・採用LP、自社アカウントのSNSなど）
・求人広告媒体
・口コミサイト
・人材紹介会社のエージェント

求職者

求職者の行動

・面接・選考のスケジュール調整
・面接・選考対策（企業HPや求人情報の確認、面接での質問事項をまとめるなど）
・面接・選考を受ける
・面接を終えて、事前情報と面接時に受けた説明にズレがないかを確認する

求職者の心理

・「職場の雰囲気は、自分に合いそうか？」
・「実際の業務内容は、求人広告の通りか？」
・「自分は本当にこの仕事がやりたいのだろうか？」

離脱する求職者が感じていること

・「この人とは働きたくない…」
（面接官や採用担当者の対応が不快感を与えた）
・「合否の連絡がなかなかこない…」
・「面接官の話を聞いた結果、思っていた業務内容や労働環境ではなさそうだ」

【図表 10　採用活動５つのステップ③】

STEP 4　内定

企業

当ステップにおける企業の目標

・他社に流れないよう、早めに内定を出す
・面接で提示してきた内容と相違のない内定を出す
・入社後に期待感を抱いてもらえるような伝え方をする

求職者との接点

・採用担当者
・労働条件通知書
・内定オファー面談
・口コミサイト

＊新卒採用の場合
企業側が「内定承諾書」の提出を求めるケースがほとんど。法的拘束力はありませんが、ひとつの決断にはなるので、速やかに提出してもらえるようフォローが必要です。出し渋っている就活生には、不安に感じていることなどをヒアリングして払拭するなど、コミュニケーションが求められます。

求職者

求職者の行動

・納得できる内定が出るまでは求職活動を続ける
・選考中の他社と条件を比較して、内定を承諾するか熟考する
・内定を承諾するかどうかを周囲に相談する
・内定承諾、入社手続き
・他社への応募を取り下げる

求職者の心理

・「自分の希望通りの仕事内容、条件か？」
・「自分はこの会社でうまくやっていけるのだろうか？」

離脱する求職者が感じていること

・「連絡が遅い…条件提示が出ない…」
・「入社後の働いているイメージが持てなかった…」
・「他社から提示された条件の方がよかった」
・「条件が合わない。交渉したがうまくいかなかった」

STEP 5　採用決定

企業

当ステップにおける企業の目標

・中途採用の場合、採用者が前職から引き留められないよう、迅速に入社日を合意する
・スピーディに入社手続きや研修などを開始し、採用者の不安をやわらげる

求職者との接点

・採用担当者
・入社前研修などのフォロー
・配属部署の社員
・口コミサイト

求職者

求職者の行動

・入社手続きを終える
・（中途採用の場合）前職の引継ぎと退職手続き
・入社に向けた準備
・入社

求職者の心理

・「本当にやっていけるのだろうか？」
・「求職活動に終止符を打ってもいいのだろうか？」

離脱する求職者が感じていること

・「もっと良い会社があるかもしれない…」
（悪い噂や口コミを見たり、企業とのコミュニケーション不足により不安がふくらむ）
・「期待していた職場と違う…」
（業務内容や働き方、会社の雰囲気への違和感）

2 目指すは「高い定着率」を見据えた母集団形成

密接な関係にある「人材の定着率」と「母集団の質」

もちろん、母集団の人数が多ければ多いほど、企業にとっては選択肢が増えるので、採用は楽になります。しかし、人数が多ければそれでいいのかといえば、一概にそうとはいえません。

母集団を構成する求職者のタイプとその企業が望む人物像に乖離があれば、面接の通過率が大幅に下がったり、内定辞退者が予想より多くなったりするなど、どこかで綻びが出てしまいます。また、採用できたとしてもお互いに違和感が残ったままでは、早期離職という結果に終わってしまいます。

先ほど、採用活動における5つのステップをご紹介しましたが、最終ゴールは「採用決定」ではなく「定着」です（図表11）。時間とコストをかけて採用しても、人材が定着しなければ決して「採用が成功した」とはいえません。

図表12からも、企業における人材不足は「採用の難しさ（64・4％）」だけではなく、「社員の離職（35・2％）」も大きな原因となっていることがわかります。

せっかく採用に至った人材が、研修を終える頃には辞めていく……ということが続けば、現場は疲弊していきます。既存の社員から退職希望者が出てくる可能性もあるでしょう。採用者の早期離脱を防ぐということは、現場の労働環境を守るということにもつながるのです。

【図表 11　見据えるべきゴールは「採用」ではなく「定着」】

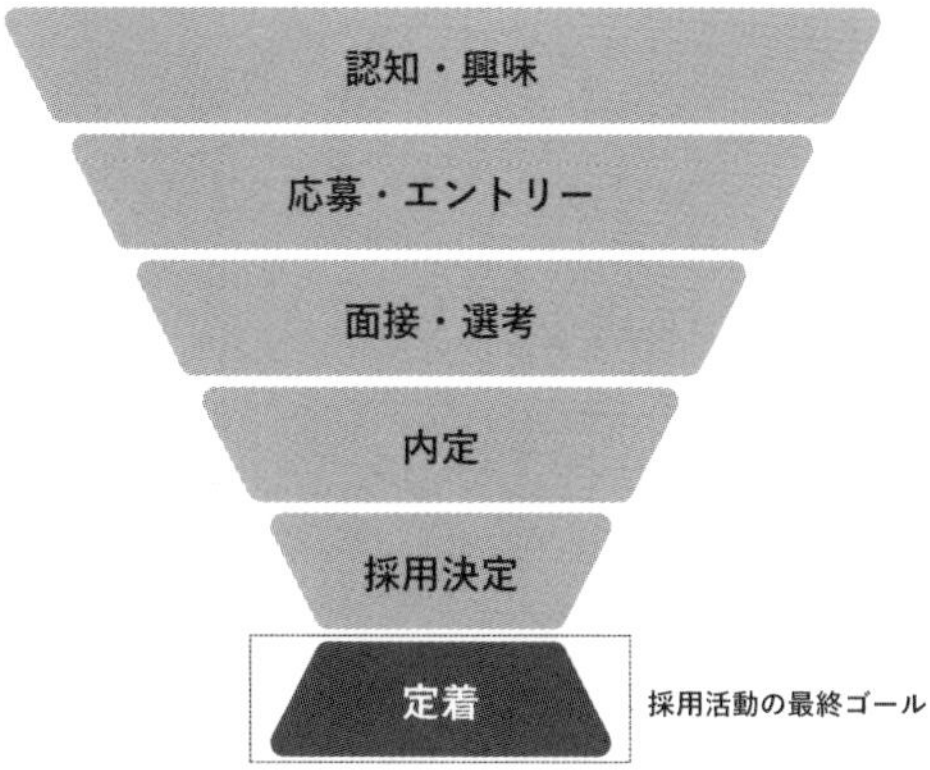

【図表 12　雇用人員（人手）が不足している理由】

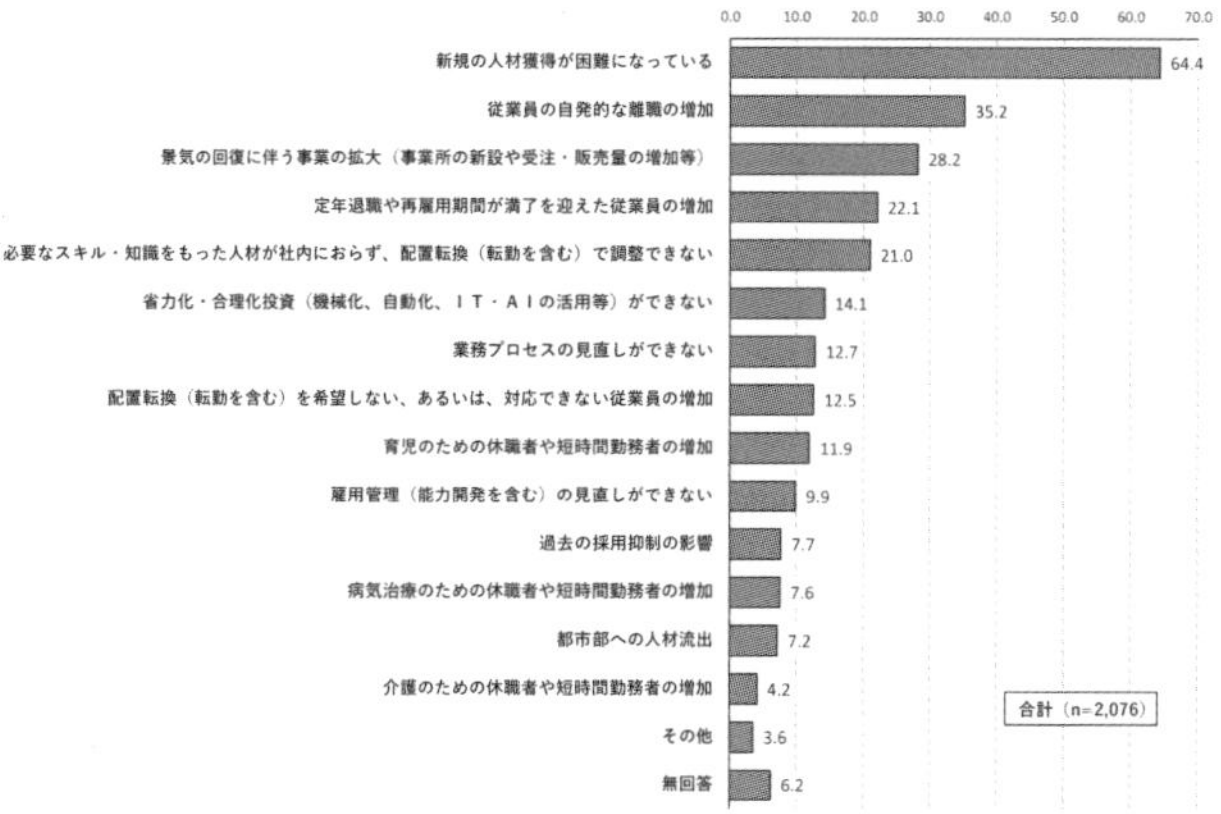

※雇用人員の過不足（現状）の従業員全体に関して「大いに不足」「やや不足」と回答した企業を対象に集計。

出典：（独）労働政策研究・研修機構「人手不足等をめぐる現状と働き方等に関する調査」2020 年 1 月

ここまで読んでご理解いただいた通り、人材の定着と母集団の質とは密接な関係にあります。

少なくとも、「母集団をできるだけ大勢集めて、そのなかからスペックの高い人を選ぼう」という考え方で採用活動を続けていては、いつまでたっても人材は定着しません。

母集団形成において重要なのは、ただ人数を集めるだけではなく企業側と求職者側のマッチングをしっかりと図っていくこと。これに尽きるといって間違いありません。

> 求職者が望んでいる仕事内容や待遇と、自社のそれとが合致していない。
> 自社が求めているスキルや人柄が、求職者のそれとはズレている。

選考中、または採用後に右のような齟齬が生じてきたのであれば問題です。

齟齬が生じる原因としては、そもそも採用ブランディングの方向性と求めている人材の方向性がズレていて、広告が適切なターゲットに届いていないケース、または、単に説明が不十分で、仕事の内容や待遇が正しく伝わっていないケースなどが考えられます。

いずれの場合も、母集団形成の要である「採用広報」が大きな要因の1つになっている可能性が高いといえます。最初は小さなズレにとどまり、それと気づかないレベルだったとしても、ずっと放置したまま時間が経つと＝ターゲットに広告が届く頃には、まるでボタンの掛け違えのように乖離が大きくなる恐れがあります。それは何としても避けたいところです。

求職者の離脱要因をいかに取り除くのか

とはいえ、母集団に自社とはマッチしない人材が含まれていても、慎重な選考を重ねていけば、途中段階で企業側か求職者側、どちらかが気づくことになります。

とかく面接官は、「よい人材を選んでやろう」という気持ちで臨みがちですが、「面接とはお互いにフィット感を確認する場でもある」という点は覚えておきたいものです。「選ぶ」という態度から、マッチングを重視するスタンスへと、世の中は確実に変わってきています。

実際、図表13からは、約半数もの企業が、採用活動中に候補者のスタンスやスキル、自社への共感度を慎重に確認していることが伝わってきます。こうした努力がミスマッチを防ぎ、結果的に定着率の高い採用につながっていくのだといえます。

ちなみに、就活生の場合は、内定を出しても内定承諾書を提出する人は約半分。

さらに、業種によっては約7割が内定を辞退する、ともいわれています。また、この承諾書には法的拘束力がないため、「まずは複数の企業に提出しておいて、後でゆっくり考えよう」と、あえてこの時点で1社に絞らない就活生もいます。

内定を出して承諾書を受け取ってもゴールだと早合点しないこと。

丁寧なコミュニケーションを重ね不安を払拭したり、内定者フォロー面談や入社前研修などでモチベーションアップを図るなど、離脱を防ぐ工夫が欠かせません。

前述の通り、内定を出してからが本当の勝負ともいえる状況なのです。

【図表 13　人材獲得のための工夫点】

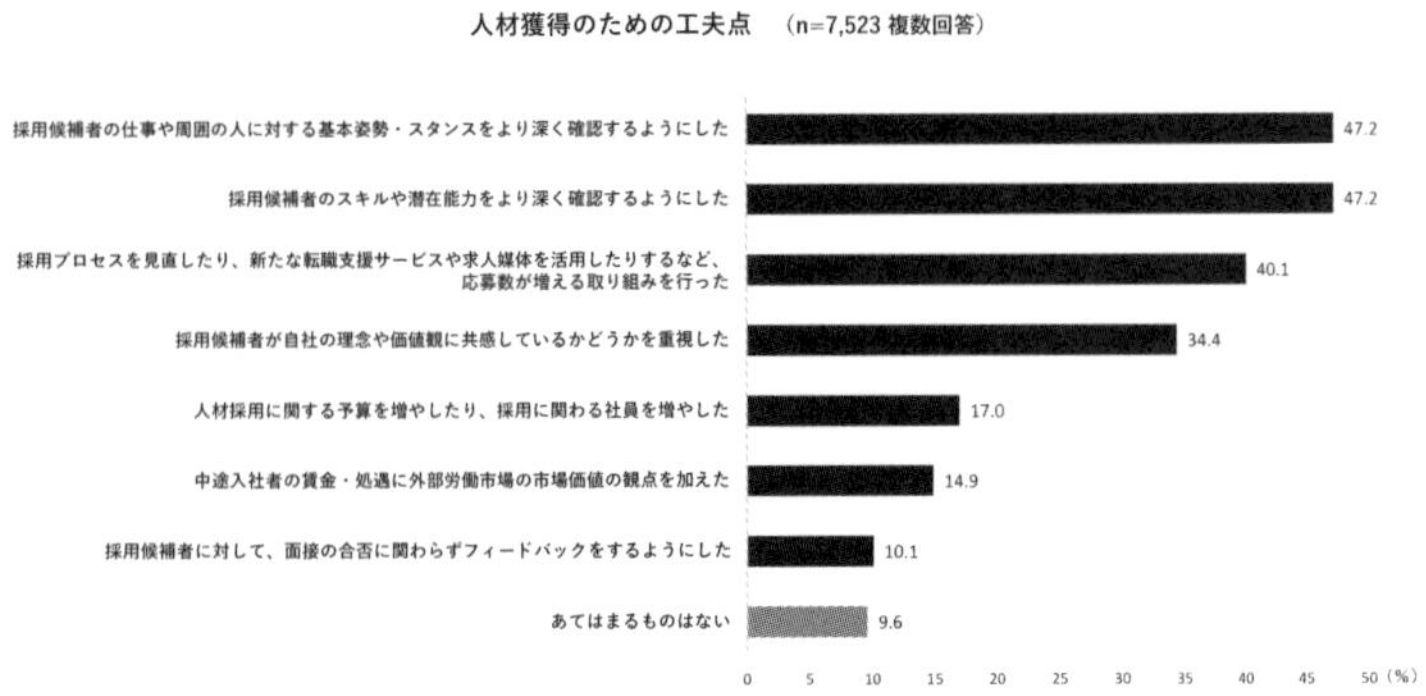

出典：(株) リクルート「2022 年度上半期 中途採用動向調査」2022 年 12 月 1 日

選考は武器にもなる

逆にいえば、不安を感じたまま応募した求職者が、選考過程で改めて企業の魅力に気づき、強い入社意欲を抱くようになるといったケースもあります。

これはまさに、面接官の腕次第。

図表14からも、求職者の入社意欲を高めるために、面接官の役割（好感がもてる人柄や印象、話しやすいかどうか）がいかに重要かおわかりいただけると思います。

自分自身の言葉で会社の魅力を伝え、しっかりと求職者の気持ちをつかんだり、あるいは、不安をキャッチして払拭したりするなど、細やかなコミュニケーションを心がけることによって、求職者のエンゲージメントを高めることは、決して不可能ではないのです。

その意味では、内定辞退の防止、定着率アップなどといった観点からも、採用担当者が事前に面接官

【図表 14　面接の影響力】

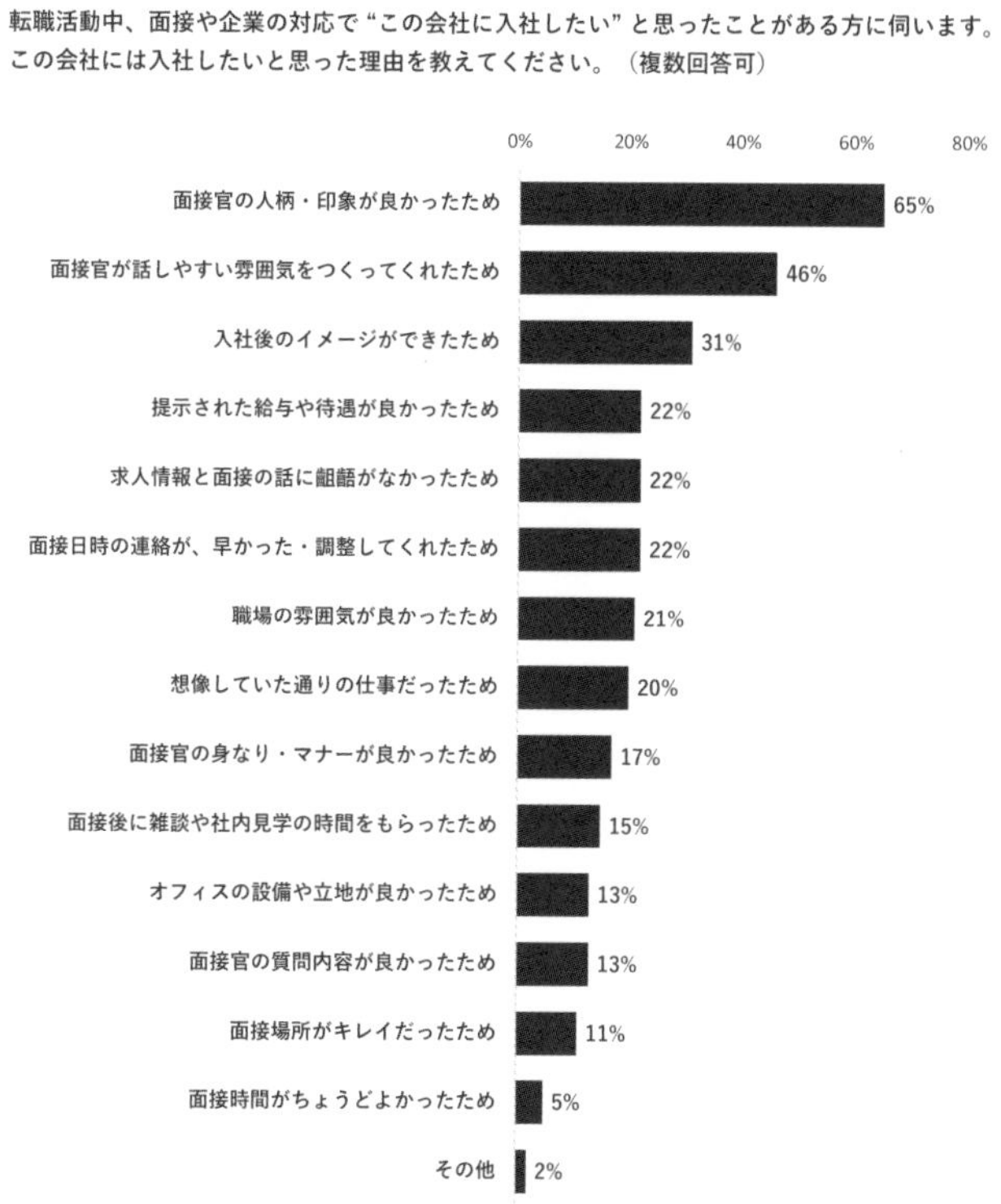

出典：エン・ジャパン（株）「『企業・面接官対応の応募者への影響』調査」
2022 年８月 19 日

トレーニング研修を受けておくことが、とても効果的であるといえます。

また、細やかなコミュニケーションだけでなく、自社の魅力を棚卸したり、改めて福利厚生を充実させたりすることも、当然ながら求職者のエンゲージメント向上につながるものです。

やや話が広がってしまいますが、自社の魅力の棚卸しや福利厚生の充実は、既存社員の定着にも直結します。人材不足を解消するという視点で見れば、高いコストをかけて新規採用をするよりも、既存社員の定着対策を強化するほうがいい場合もあるでしょう。

「母集団形成→選考→定着」、さらには「既存社員の労働環境改善」までが陸続きである。この点をしっかりと意識しながら、それぞれの担当者間で十分に連携を図っていくこと。それが何より大切であるとご理解ください。

3　母集団形成は「グランドデザイン」をベースに考える

採用のグランドデザインとは

「グランドデザイン」という言葉は耳にしたことがあっても、それが採用活動の場面においてはどのような意味を持つのか、と疑問を抱いた方も多いかもしれません。

まずはどのような人物を採用したいのかというペルソナ設定。続いて、自社の魅力をどのような切り口で見せて、必要とする人材に対して訴求していくのかという採用ブランディング。さらに、どのような広告媒体・採用支援サービスを使うのかという採用広報。そして、実際に面接・選考を経ての内定出し。こうしたスタートからゴールに至るまでの一連の流れを、私は採用活動におけるグランドデザインと呼んでいます。

単にプロセスを組み立てるのではなく、１つひとつのプロセスの精度をいかに上げて、いかに戦略的にクリアしていくのか。それを熟考しながら設計していくことこそが、「グランドデザインを描く」という行為に当たるわけです。

このようなグランドデザインの軸となるのは「どのような人物に入社してもらって、どのように働いてもらうのか」ということ以外にはありません。

本書のテーマである母集団形成の部分に限っていうと、次の通りになります。

『欲しい人材に入社してもらって、長く活躍してもらうために「どのような採用ブランディングをすればいいのか」、「そのブランディングを生かすにはどのような採用広報を選択すればいいのか」と全体を俯瞰して見ながら、各プロセスを関連づけて考えること』

たとえば、「未経験者に安心して入社してもらって、じっくり成長してほしい」と思うのなら、ハードルの高さを感じさせないような社風や条件を、広告やホームページを通じて打ち出していく必要があります。ここでグランドデザインがきちんと描けていないと、採用ターゲットとなるべき層にはまったく訴求できない広告手法を選定してしまう。または広告クリエイティブや応募導線もしっくりこないものができあがってしまうリスクが非常に高くなります。

仮に、見た目がいくら洗練されたものだったとしても、それだけでは、グランドデザインとして明らかに不十分だといわざるを得ません。

プロの目から眺めると、欲しい人材像と採用手法の方向性がズレていて、グランドデザインが機能していないケースは世の中に多々見受けられます。その結果として起きるのが、欲しい人材と母集団のミスマッチによる採用の失敗です。

グランドデザインはPDCAを回して〝育てる〟

「最終的に○人採用するためには、内定を出すのが○人、面接をするのが○人、書類選考通過が○人。そのためには母集団として○人集めなければならない」といったKPIを設定することも、グランドデザインの大きな要素の1つです。

もちろん、フェーズごとの達成率をキープしていかなければならないのはその通りなのですが、想定外の事情等によって達成が難しくなることもあります。重要なのは、達成率そのものよりも、常にPDCAを回して状況に応じて戦略を変えていくことだといえるでしょう。

たとえば、私が以前サポートしたクライアントで、予定通りに母集団が集まったため、ここから先はうまく採用に至るだろうと安心していたケースがありました。

しかし、フタを開けてみたら、まったく採用できていない。

なんと、「実際に面接したのは、たった1人だった」というのです。

その理由は単に、面接の日程が合わないままフェイドアウトとなってしまったとか、あるいは、連絡がつかない応募者を後追いしなかった、というものでした。これでは広告費をかけて母集団を形成した意味がありません。

グランドデザイン自体はしっかり描けていても、現場に落とし込んだときに想定していなかった要素（この場合は、担当者の熱意の欠落）によって結果が大きく異なってしまう、という典型的な例になってしまいました。

ここで重要なのは、いったんグランドデザインを決めても、途中で不具合が出てしまった場合は、ＰＤＣＡ、つまり戦略を立て直して軌道を修正することです。

必ずしも最初に決めたグランドデザインが最適というわけではないため、現場には合わないと思ったらどんどんカスタマイズしていきましょう。

グランドデザインが機能した好事例

逆に、「グランドデザイン」という概念をまったく持っていない企業の支援をしたことも印象に残っています。グランドデザインどころか昨今の求人広告媒体についての知識も皆無だったため、この企業は、値引き攻勢に押し切られて、手当たり次第に広告を出していました。

にもかかわらず、応募はまったくありません。

その結果、「もう二度と求人広告なんか出さない」と決めつけてしまい、「採用できるまで費用がかからないのならば」という理由で人材紹介に頼っていました。

しかし、「安ければそれでいい」という行き当たりばったりの方法では、人材紹介を使ったところでうまくいくはずがありません。

そんなタイミングで社長から相談を受けた私は、「女性にも働きやすい会社だと思ってほしい」という社長の思いを軸にグランドデザインを描き、同時に社内改革に着手することもすすめました。その結果、その社長はおしゃれな自社ビルを建てて、その中に女性専用フロア、さらにはパウダールームまでつくったのです。

新社屋の写真とともに、以前から取り組んできた働き方改革の制度とセットで女性に訴求するような広告クリエイティブを作成し、面接でも働きやすさをアピールしたところ、すべてがプラスに働いて採用率がぐっとアップしました。

もちろん、その分だけコストはかかりましたが、社員が増えたことによって上がった売上の方がはるかに大きいということでした。

ゴールを軸に全体を俯瞰しながら根本的な社内改革を行い、それに合わせて採用の各プロセスも変化させていく。そうしたＰＤＣＡによって、グランドデザインの最適化が進んでいったという、非常によい事例であるといえます。

このような例からわかることは、グランドデザインは、ただ決めればよいというものではなく、「企業と一緒に育てていく」ことが大切なのだ、という事実です。

事例を重ねるほど、その思いが強くなっていく気がしています。

母集団形成だけは自社内の努力で完結できない

さて、全体のグランドデザインを描き終え、いざ採用活動を始めようというときに、みなさんに考えていただきたいことがあります。

どんな人材を採用したいのかを決めたり、どのようなスタンスで誰が面接をするのかを決めたりすることは、すべて社内で完結させることができます。

しかし、縁故採用だけで事足りる企業以外、母集団形成については外部のサービスを使わなければならないのです。

中には「求人情報を自社のホームページに載せるから大丈夫」だという方もいらっしゃるかもしれませんが、そもそも知名度の低い中小企業のホームページに辿りつくことのできる人は決して多くはありません。

掲載したところで、応募者が集まるかといえば、期待薄といわざるを得ないでしょう。

仮にホームページに掲載するのであれば、何かしらの求人広告媒体を使って、ホームページへと誘導するための導線をつくる必要が出てきます。

第4章で詳しくお伝えしますが、昨今は「Google」はもちろん、「indeed」や「Google しごと検索」などにホームページを読み込んでもらわなければ、採用競争のスタートラインにすら立てません。

逆にいえば、ホームページに求人情報を載せただけであればほとんど誰の目にも触れませんが、それが「indeed」などにクローリングされる（ホームページの存在が読み込まれる）ことによって、一気にアクセスされやすくなるのです。

さらに、「求人広告媒体」に掲載して広く応募を募るのではなく、欲しい人材にピンポイントでアプローチする「人材紹介」や「ダイレクトリクルーティング」といった手法の活用を考えている企業もあることでしょう。

これらもまた、外部の採用支援サービスを使わなければ実現することができません。

現在、採用支援サービスは増加の一途をたどり、かなり複雑化しています。一度使ったサービスについての検証はできるかもしれませんが、未知のサービスを比較して自社に合うサービスを選ぶのは決して簡単なことではありません。

酷なことではありますが、採用担当者にそのようなスキルがあるのかどうかで採用格差が生じてしまうのが現実です。

外部サービスを使う以上、さまざまな広告媒体社や広告代理店の営業担当者から話を聞く必要があり、採用担当者はそこで押し切られないように学ぶ必要もあります。運にも左右されるものですが、いい営業担当者に出会えるよう、知人・友人や同業者から紹介してもらうなどといったことも1つの方法であると考えます。

4　母集団形成は、外部のプロを有効活用する

採用担当者だけで母集団形成を成功させるのは至難の業

ここまで採用の全体像についてお伝えしてきましたが、正直にいえば、採用担当者に求められる能力やスキルは、かなりレベルの高いものだと思っています。

特に母集団形成のためには、企業ブランディングやＷＥＢマーケティングの知識、テクニックも求められます。こうしたことは、プロモーションや販売促進などを手がける広告業界が得意とする分野であって、これまでは人事領域の仕事ではありませんでした。

しかし、ここ10数年、売り手市場のために企業が〝あの手この手〟を駆使せざるを得なくなり、採用担当者の負担がじわじわ増大しているというのが現実です。

他方、人事部は異動が多いため組織にノウハウが蓄積されづらかったり、あるいは総務部などと兼務していたりするなど、圧倒的にマンパワーが足りないという声を聞くことも珍しくありません。定期的に大規模採用を行っている派遣業やサービス業の人事部であれば別ですが、必要なときだけスポット的に採用活動をくり返しているような企業の人事担当者が、ある日突然ある程度の人数を採用しなければならなくなると、その苦労はいかばかりかと思います。

本書をお読みのあなたが、いつその当事者にならないとも限らないわけです。

仮に人事部の力だけで採用活動を進めようと思っても、前述のような状況にあるわけですから、コストパフォーマンスが悪く、結果的に思うような人数を採用できない結果に終わるのも、むしろ仕方のないことなのかもしれません。

そこで私がおすすめしたいのは〝専門家〟をパートナーとして味方につけて、自社に欠けているノウハウを補ってもらうことです。

〝専門家〟というのは、いわゆるコンサルタント的な立ち位置の人ですが、HR業界において「採用コンサルタント」としてコンサルフィーを受け取って仕事をしているような人は残念ながら多くありません。では、グランドデザインを見通したアドバイスができるのは誰なのかといえば、広告代理店で経験を積んでいるベテラン営業です。

たとえば、求人広告媒体の営業をかけてくる複数の広告代理店の営業担当者の中に、自社が扱う広告をただ売るだけでなく、全体を俯瞰してアドバイスをしてくれたり、必要とあれば自社が扱っていない広告媒体の情報をくれたりする人はいませんか？

そのような人であれば、単なる営業担当者としてではなく、採用担当者のよきパートナーとして動いてくれるはずです。

もちろん、営業の仕事は広告を売ることですから、広告を発注せずに相談だけを続けるというわけにはいきませんが、広告を発注しつつ採用のグランドデザインについてアドバイスをもらう、という理想的な関係が築けるかもしれません。

プロにはここまで依頼できる

ベテランの営業ならば、採用マーケット事情についてもプロとしての目線で語ってくれます。

競合他社が使っている手法やその成果などについても、可能な範囲で、何らかのデータを示してもらえるかもしれません。なかでも、「リクナビＮＥＸＴ」「マイナビ転職」「ｄｏｄａ」などを扱う広告代理店であれば「○○業界の現在の採用マーケットはどうなっているのか？」「この広告媒体を使って、この職種、このポジションで募集したいのだが、他社の事例はどうなっているのか？」などと問い合わせれば、社名を伏せた上で一定の情報を教えてくれるでしょう。

どれくらいの規模の会社が、どの広告プランで出稿して、コストはいくらかかり、何件ぐらいの応募があったのか。そのレベルのデータであればある程度提供してくれるものです。

採用計画、特に出稿計画というものは、自社の採用実績に加え、他社のデータを参考にすることでさらに精度が上がるものです。たとえば、「このプランでいけば、20人くらいの母集団を見込めそうだな。過去の採用実績からいって、ウチの面接応募率は50％、面接通過率は50％、さらに、内定承諾率は50％だから、２人くらいは採用できそうだな」。

そんな仮説が立てられれば、広告費が妥当なのかどうかという点も含めて、グランドデザインを検証できるわけです。このような仮説を立てるためのデータ収集、またデータを活用したグランドデザインの設計等は、経験の浅い採用担当者ではなかなか難しい、というのが正直なところです。

だからこそ、本書の学びを役立てていただきたいわけです。

プロに頼むときは、ここに注意

とはいえ、広告代理店とのつきあいは、うまくいくことばかりではありません。

ノウハウの少ない採用担当者のもとに、自社が扱っている広告媒体のみを売りたい営業担当者が熱心に営業をかけてくる。

この構図が、採用失敗の引き金になるケースが多々あります。

もちろん、営業担当者であれば、誰もが「自社が扱っている広告媒体を売らなければならない」「売上目標を達成しなければならない」というミッションを背負っています。それでも、良心的な担当者であれば効果が見込めそうにない広告媒体は無理にすすめることなく、代案を提案するなどの努力をしてくれるものですが、すべての営業がそうとは限りません。

経験の浅い営業担当者であれば、自社の広告媒体を売ることだけに執着して、自社に都合のよいバイアスをかけた情報をもってくることもあります。

採用担当者に幅広く情報を集める力や全体を見る力がなければ、こうした営業担当者の熱弁に押される形で、偏った情報を鵜呑みにしたまま契約してしまうことも少なくありません。

そして、そこから起きる悲劇は大きく2種類あります。

1つには、前述した2つ目の例のように、自社のグランドデザインと合致していない広告媒体を使うことで、コストに見合う訴求効果が得られないことです。

さらに、グランドデザイン自体が存在しない、行き当たりばったりの広告出稿となると、複数の広告で訴求ポイントもデザインの方向性もバラバラになってしまい、いかに強みがあったとしてもどのターゲットにも十分に届かないという結果を招いてしまいます。

そして、もう１つの悲劇は、明らかにクオリティの低い広告原稿ができあがってしまうこと。この２つ目の悲劇は、クリエイティブな観点を持たない採用担当者と、薄利多売的な仕事をする営業担当者が出会ったときに起こりがちです。

どんなことが起こるのか、さらに詳しく見ていきましょう。

特に、値引きがあったときには注意が必要

広告の制作には訴求ポイントをターゲットに適確に伝えるためのデザインや文章のセンスなど、クリエイティブな要素が必要です。

クリエイティブな作業は広告媒体社や広告代理店が契約しているデザイナーやライターに依頼するものですが、採用担当者の要望がきちんと営業担当者に伝わり、営業担当者がその内容を正確にデザイナーやライターに伝えていなければ、予想していなかったものができあがる恐れがあります。

気をつけなければならないのは、その広告に値引きがあった場合です。

広告代理店が値引きをすると、その月のノルマとなる売上を達成するために、営業担当者は広告の件数を取ることに必死になるものです。そうすると当然のことながら、１つひとつの広告に手をかけられなくなってきます。

企業側の要望等を営業担当者がデザイナーやライターに細かく伝える余裕がなかったり、もっとひどいケースになると、営業担当者が自分で適当に原稿を書いてしまったりすることもあります。その内容も間違いだらけで、企業側が激怒する……といった例を、私は何度か目にしてきました。

そんな悲劇を防ぐためにも、採用担当者は「どのようなターゲットに何を訴求したいのか」、「そのためにはデザインや原稿の方向性をどのような形にしたらよいのか」などといった最低限の制作方針を営業担当者とすりあわせるスキル、さらには実際に作業をするデザイナーやライターにまで制作指示がきちんと届いているかどうか、途中過程をチェックするスキルも求められます。

決めるだけではなく、プロセスの管理までもが仕事の範疇だということです。

人事部とＨＲ業界、双方の人手不足に要注意

第１章でもお伝えした通り、２０２０〜２０２１年には飲食業や観光業を中心に、さまざまな企業が採用活動を控えました。そうした流れの一環として、人事部の採用機能を縮小させた企業も少なくありません。

それらの動きに伴って、求人広告媒体を扱う広告代理店、特に取引先として飲食業や観光業をメインで抱えていた代理店も苦境に追いやられたのです。

その結果、退職せざるを得なくなった営業担当者も少なくありませんでした。

採用市場復活の兆しが見えてきたのは、２０２２年に入ってからでしょうか。

ホテルや飲食店が活気を取り戻す。インバウンドが回復する。そんな現実を前に慌てて従業員を増やさなければならなくなる、コロナを黒字で乗り切った企業は、さらに攻勢をかけるべく採用を強化する……。当然、ＨＲ業界も急に慌ただしくなりました。

しかし、業界が縮小していたので、一時的な人手不足に陥ってしまっているのです。

ベテランの営業は既存のクライアントで手一杯です。

そこで、慌てて採用されたＨＲ業界未経験の営業担当者が、短期間で研修を受けて、新規の企業に営業をかけるケースが多々見受けられるようになりました。

彼らは、自社が扱っている広告媒体以外の業界知識をもっていないので、１つひとつの企業に合わせたグランドデザインを考えることなどできません。未経験から入って、１年目ですぐにグランドデザインを描けるようになるはずはないのですから、むしろできなくて当然です。そこで「ただただ自社が扱う広告媒体を売る」ということだけを目的に営業をかけるわけですが、当然、人事部側から見れば満足のできる商談にはなり得ません。

残念ながら、それがＨＲ業界が抱える現状なのです。

私が見たところ、今は、人事部側と業者側、双方に人材の入れ替えが起きている時期です。

これはあくまでも一時的な動向であり、おそらく２０２３年から数年をかけて双方の体制がまた整ってくるのではないかと思っていますが、少なくとも今このような状況にある。

それは頭の隅に置いておくべきかもしれません。

◆成功事例①◆母集団形成の〝フルコース〟とは（技術系アウトソーシング企業の例）

数年前に、私がエンジニアリング業界・建設業界の技術系アウトソーシング企業の母集団形成をトータルサポートしたときのことをお話しましょう。

「これぞ母集団形成のフルコース！」といえる貴重な例かと思います。

この企業が前年まで実施していたのは、中途採用のみ。

新たに新卒採用に着手するということ、また、初年度から「200名以上の採用」という大きな目標を掲げつつも、採用担当者が数名しかいないという事情などから、私がサポートに入ることになりました。

「技術系アウトソーシング」とは、あまり聞かない言葉かもしれませんが、自社で正社員として採用した技術者・エンジニア等を、クライアント企業のプロジェクトや現場に派遣する人材派遣を指しています。

技術系人材のアウトソーシングを可能にしてくれる企業ということです。

当時、新卒採用において、この業態は今とは比べものにならないほど不人気だっただけでなく、この企業の知名度も決して高くはありませんでした。

また、求めていた人材のうち、理系の学生のなかでも、特に機械・電気・電子系学科生と建築・土木系学科生はつねに争奪戦です。かなりの苦戦が目に見えていたため、私はグランドデザインの構築から携わって、他社との差別化を図りました。

私が実施したのは、次のことです。

マイナビ、リクナビなどの求人広告は、もちろん全面的に活用。

セミナー動員率アップを狙って、オプション企画も使い倒しました。

特設採用ランディングページを立ち上げて、Googleディスプレイ広告やリターゲティングなども積極的に活用しました。

大学内のキャリアセンターとの関係性構築も欠かせません。

東京ビッグサイトなどで開催されるマイナビやリクナビ主催の就職イベント（合同企業説明会）にも出展しました。

とりわけ理系学生や体育会系学生に特化したイベントは、母集団の質を上げるためにも積極的に参加しました。

また、就活ラボという就職サイトに登録している学生の中から理系学生などをセグメントして、電話でセミナーを案内するテレマーケティングも実施しています。

さらに、かなりの人数が集まっていたセミナーエントリーに対しては学生にリマインドメールを送る業務をアウトソーシングし、フォローに漏れが出ないように注力しました。

加えて、目玉となったのが「1泊2日でのプレミアムセミナー」です。

これは、往復の交通費、宿泊費、飲食費などをすべて会社側が負担するという、泊まりがけでの企業セミナーで、3月から9月に渡って複数回開催した結果、全国各地から2000人近い学生が参加してくれました。

1日目は業界研究セミナーということで「設計開発エンジニア」「建設エンジニア」などコースに分かれて体感型シミュレーションのグループワークを行います。

初日の夜には、先輩社員も交えた懇親会も実施。

リラックスした状況でコミュニケーションを取れるため、学生には親近感を抱いてもらいつつ、こちらからも学生の素顔を観察できるという大きなメリットがあります。

2日目は会社説明会の後、個別面談会という名目で実質的な一次面接まで実施。前日の懇親会で学生1人ひとりの素質がある程度わかっているので、ぜひ入社してほしい学生には、特に入念に、こちらの熱意を伝えることもできます。

最後に本社を見学してもらって解散する頃には、単に学生たちと打ち解けただけでなく、会社の魅力を余すことなく伝えることができ、大きな手応えを感じることができました。

会社説明会から面接までを一気に実施する宿泊形式のセミナーは、競合他社がまったく実施していなかったこともあり、大きな話題になりました。

このフルサポートを3年間続けた結果、入社した新卒生の数は、1年目は200名超え、2年目・

３年目は３００名超えの大台を記録しました。

さらに数だけでなく、入社した学生の質にもご満足いただけました。

やはり、学生と企業の間で深いコミュニケーションが取れていたからこそ、でしょう。

私自身、今ふり返ってもかなり大変な仕事でしたが、たくさんのことを考え、多くのことに積極的にチャレンジし、それ以上に大いなる学びを得ることができました。

何より、クライアント企業にご満足いただけたことがこの上ない喜びでした。

もちろん、ここまでの予算を投じる決意はなかなかできるものではありません。

とはいえ、すべての企業におすすめできる方法ではないとしても、ヒントにしていただける点は少なからずあると自負しています。

その代表的なものが、新たな組合せにチャレンジするという点です。

今まで取り組んだことがないから、できない。

そのような考えのままでは、先のような好結果を残すことはできなかったように思います。

たしかに、採用活動に対して、無尽蔵にお金をかけることはできません。そこには常に、一定の限界というものが存在します。このように予算に限りがあるとしても、いや、むしろ限りがあるからこそ、さまざまな工夫を凝らす余地が残っている。

状況をポジティブに捉えることで新たな可能性が見えてくると私は考えています。

そして、そのようなお手伝いをぜひさせていただきたいと思っています。

<第2章まとめ>

- ❑ 採用活動では、「認知・興味」「応募・エントリー(母集団形成)」「面接・選考」「内定」「採用決定」という5つのステップに分けて、求職者心理を十分に把握することが重要。

- ❑ 採用活動のゴールは「採用」ではなく「定着」。
母集団の質は定着率に影響するため、母集団を形成する段階で適切な採用ブランディングと採用広報を心がけることが必要。

- ❑ 母集団形成は、「ペルソナ設定」「採用ブランディング」「採用広報」、そして「面接・選考」を経て「内定」を出す、という一連の流れを戦略的に構築する「グランドデザイン」に基づいて考えることが重要。グランドデザインが欠如していると、欲しい人材と母集団の質にもズレがでてしまう。

- ❑ 母集団形成には、マーケティングの知識が不可欠である。社内の採用担当者のみでは難易度が高いと感じる場合は、採用コンサルタントや広告代理店で経験を積んでいるベテラン営業などを味方につけるとよい。
とはいえ、「自社が扱う広告だけを売りたい」という営業には気を付けたい。

第3章　良質な母集団形成に欠かせない採用広報

1　超情報過多時代の採用広報とは

なぜ今、「採用広報」の必要性が問われているのか？

「採用広報」とは、求職者に自社の存在を認知してもらい、就職・転職先として候補の1つに加えてもらうための広報活動を意味しています。

モノやサービスが売れる仕組みをつくる「マーケティング」と同様、「自社が就職・転職先として選んでもらえるよう、ターゲットを具体化し、そこに向けて効果的に宣伝していく」という意味で、「採用マーケティング」と呼ばれることもあります。

採用広報は昨今、大きな注目を集めています。理由としては次の2つが挙げられます。

1つは、労働力人口の減少によって売り手市場が続いており、「ホームページや求人サイトに広告を載せるだけ」といった従来の姿勢では、母集団形成が難しくなってきているということ。

もう1つは、昨今では求人広告媒体や採用手法の多様化が急激に進み（第4章参照）、求職者があらゆるサービスに触れるようになってきていること。求人広告媒体や人材紹介サービスだけでなく、ダイレクトリクルーティング、オウンドメディア、またはSNSなど、それぞれの特徴を理解して戦略的に使い分けなければ、他社から一歩も二歩も遅れをとってしまいかねません。

採用広報を行うメリットは、母集団の人数を増やすことだけではありません。

ホームページをはじめとするオウンドメディアなどを駆使して、企業のビジョンや社員の生の声などを伝えることができれば、自社に深く共感する求職者を集めることができます。

単に「業務内容や給与が希望と一致するから」などといった理由だけで集まった母集団に比べると、社風にマッチする求職者が増えるため、内定辞退率や入社後の早期離職率が大幅に低下することはいうまでもありません。

また、年間を通して採用広報を行うことは、自社のファンをつくることにもつながります。目先の採用に直結しなかったとしても、就職・転職潜在層へのアピールとなり、将来的な母集団形成に有利に働くことも十分に考えられます。

採用広報はどのように進めるのか？

①採用ターゲットの設定

通年の新卒採用であれ、スポットの中途採用であれ、採用の目的があるはずです。

- 新規事業の立ち上げに向けて、知識と経験のある人材を投入したいのでしょうか？
- 若手を採用して組織の若返りを図りつつ、将来の幹部候補を育成したいのでしょうか？
- また、求めているのはどのような人材なのでしょうか？
- 必ずクリアしてほしい条件とは？
- それとは逆に、絶対に通過させてはいけない条件とは？

これらの問いに、スムーズに答えることができますか?

採用広報を始める前に、欲しい人物像を明確にして、経営層、人事部、現場のメンバーで共有することは、採用活動の土台だといえるでしょう。「どこに住んでいて、家族は何人、どのような経歴をもっていて、現在の年収がどれくらいで、休日はこんな趣味に打ち込んでいて……」などといった候補者の詳細な人材像(ペルソナ)を想定することも有効です。

採用の目的や求める人材像が明確に定まっていなければ、採用ブランディングのターゲットがぼやけてしまい、どれだけ予算を割いたところで、誰にも届かないような求人広告ができあがってしまう恐れがあります。

また、面接における選考基準も不明確になるため、各面接官の好みに寄ってしまうなどの混乱も生じかねません。ペルソナの設定方法については本章で詳しくお伝えします。

②自社の魅力の棚卸し→採用ブランディングへ

採用広報を進めるにあたって大切なのは、自社の魅力を棚卸しすることです。

業務の内容や福利厚生だけでなく、経営者をはじめとするメンバーの個性、社会貢献度、またはメンバーが日々感じているやりがいや楽しさなど、その企業ならではの「魅力」は、どの企業にも数え切れないほどあるでしょう。

それらのリストアップを終えた上で、どのような形で発信すれば、①で設定したターゲットに訴求できるのかを考えながら言語化していきます。

そのようにして生まれたキャッチコピーやフレーズを、採用活動全体を通して使っていくことで、自社の魅力を確実にターゲットに伝えることができます。それだけでなく、広告によって、あるいは面接担当者によって、発信する内容がバラつくことを回避できます。

また、「母集団の構成要因＝自社のファン」という状況をつくることにもつながっていきます。

こうした採用のための企業ブランディングについても本章内で詳しくご説明します。

③求人広告媒体や採用支援サービスなどを厳選する

現在、採用手法はかつてとは比べものにならないほど多様化しています。

図表15のように、求人広告媒体も採用支援サービスも簡単には把握しきれないほど登場し、長年この業界に携わってきたベテランですら混乱することがあるほどです。

多様化している手法の中で、ベースとなるものを押さえつつ、①で設定した採用ターゲットが頻繁に利用すると思われる求人広告媒体や採用支援サービスとはいったいどれなのか？　②で棚卸した魅力はどのような形で発信するのがベストなのか？　といった点についても熟考していく必要があるでしょう。

ただ流行に飛びつくのではなく、「昨年度このツールを使ってみた結果、母集団は○人集まり、そのうち内定承諾に至ったのは○人だった」と具体的な数字をあげながら、継続的に使っていくかどうかを検討することも重要です。

この点については、第４章で詳しくお伝えしていく予定です。

労務管理（給与管理）
組織開発
労務管理（その他）
育成管理（オンライン研修）
Web会議
育成管理（内定者研修）
アルムナイ
育成管理（マネージャー研修）
エンゲージメント（その他）
エンゲージメント（人材開発）
採用（アルバイト）
エンゲージメント（社内コミュニケーション）
採用（適性検査）
採用（その他）
エンゲージメント（総合）
採用（バックグラウンドチェック）
エンゲージメント（日報管理）
エンゲージメント（ウェルネス）
マイナンバー
採用（リファラル採用）
求人（その他）
タレントマネジメント（人事評価）
エンゲージメント（オンボーディング）
アウトソーシング
タレントマネジメント（目標管理）
タレントマネジメント（タレントプール）
チャットボット
タレントマネジメント（人材管理）

【図表 15　多様化、複雑化する採用支援サービス】

出典：（株）Lifeplay　HR Tech ガイド https://hrtech-guide.jp/
「HR テックカオスマップ 2023 年最新版」2023 年２月６日

2　すべての土台となる「ペルソナ」設定

なぜ、人物像を設定することが重要なのか？

採用活動を始めるにあたって、経営者、現場、採用担当者などあらゆるメンバーですりあわせていただきたいのは、「どんな人に入社してほしいのか」という人物像です。

この点を明確にせずに走り出す企業を時々見かけることがありますが、必ずといってもいいほど途中で行き詰まります。その大きな理由は、ターゲットを絞り込めていないために、求人広告媒体、オウンドメディア、ＳＮＳなど、すべてにおいて訴求ポイントにバラつきが出て、一貫性がなくなる点にあると私は考えています。

また、漠然とした理想ばかりを追ってしまうことも失敗の大きな原因となります。

たとえば、「大学は早慶レベル、部活でキャプテンの経験があって、ＴＯＥＩＣは○点以上……」などというキラキラした人材をいくら思い浮かべたところで、なぜこのような人材が必要なのかを明確化できていなければ、彼らに刺さるメッセージを発することはできないでしょう。

その結果、母集団が集まらないという事態に陥ります。

さらにいえば、「欲しい人材像」が明確になっていなければ、面接も行き当たりばったりのものになりがちです。

選考基準が不明確であれば、面接官の好みやその場のフィーリングに左右されかねません。その結果、内定者の質にバラつきが出てしまいます。また、そのような採用活動を経て採用した人物は、結果的に会社とミスマッチを起こして早期離職してしまうことがよくあります。

それではどれだけ予算を投じても、それに見合った結果は出せません。欲しい人材像を明確化し、その上で、「欲しい人材」に向けた訴求ポイントを広告やホームページで打ち出していくことは、採用活動の基本中の基本であるといえます。

要件とペルソナはどう違う？

欲しい人材像を明確にしていくに際しては、「要件」の設定と「ペルソナ」の設定という２種類の考え方があります。

要件とペルソナ。この両方を設定することで、採用の精度は格段に高まります。

それではまず、要件から見ていくことにしましょう。

①要件（＝スペック）

- どのような職務経験を積んできたのか？
- ＰＣスキルはどの程度なのか？
- どのような資格をもっているのか？
- 語学力はどの程度なのか？

このように、要件とは日頃の業務に必要なスキルの有無を確認するためのものです。

ポジティブな要件だけでなく、「このような要件をもっている人はＮＧ」などといった「不採用の要件」を設定している企業もあります。

たとえば、高所作業など一定の危険が伴う仕事の場合には、いくつかの持病が「不採用の要件」となるでしょう。こうした点についても社内で事前のすりあわせが必要です。

とはいえ、「～でなければならない」とあまりに厳しくセグメントしすぎると、応募者数はぐっと落ち込んでしまいます。

人材紹介やダイレクトリクルーティングなどのサービスを使うにしても、要件に合致する求職者が極端に少なければ成果は見込めません。「採用の難易度が高すぎる」ということで、広告媒体社や広告代理店の営業担当者などが協力を拒む可能性もあるでしょう。

そうなってしまうと、そもそものグランドデザインが機能しなくなる恐れがあります。

この売り手市場において理想を追求しすぎるのはメリットよりもデメリットのほうが大きいので、全体をしっかりと俯瞰し、最適なバランスを追求する必要があります。

「～でなければ採用しない」というマストの要件は必要ですが、同時に「とはいえ、この程度まで達していれば採用しよう」というラインもぜひ設けてみてください。

余談ですが、妥協して採用した人材が、入社後、思わぬ活躍を見せることも少なくありません。もちろん、その逆のパターンも同様に存在します。

だからこそ、あまりに厳しく縛ってしまうことは得策とはいえないわけです。

続いて、ペルソナについて見ていきます。

ペルソナという概念は採用だけに限らず、販売促進やマーケティングなどの場面でも出てくる概念ですので、ご存知の方も多いかもしれません。

②ペルソナ（＝人物像の定義）

・年齢、家族構成
・居住地
・学歴、資格
・現在の職業、収入
・性格
・ライフスタイル（趣味、休日の過ごし方など）
・価値観（働き方やキャリアについての考え方、将来のビジョンなど）
・入社してからの担ってほしい役割（担当する業務、役職、一緒に働くメンバーなど）

見ていただくとわかるように、ペルソナは欲しい人材を可能なかぎり具体化したものです。

だからこそ、実在する人物であるかのように、細部にわたってリアリティのある設定をします。

そうすることで初めて、自社がどのような人物を採用したいのかが明確に見えてきます。

とはいえ、あまりに細かすぎるとデメリットも出てきます。要件と同じく、一定のバランス感を大切にしてください。

ペルソナの設定方法

頭の中で漠然と考えていても、実在する人物であるかのように設定するのは難しいものです。

おすすめしたいのは、求人を募集している現場の責任者に「どのような人材を求めているのか」をヒアリングするという方法です。留意すべきは、個人的な理想を聞き出すのではなく実際の業務に紐づけて「なぜそのような人物がほしいのか」を明確にしてもらうことです。個人の好みの反映はペルソナを誤った方向に導く恐れがあります。

また、責任者が一目置いている社員にヒアリングし、その人物像を言語化するといったことも、ペルソナの設定には役立ちます。中途採用をするのであれば、中途で入社して活躍している社員を選ぶなど、近い境遇の方にヒアリングするとなお望ましいといえます。

さらにもう1つ、考慮したいのは時代背景です。

たとえば、数十年前であれば残業を厭わず、深夜まで働くような人材が好まれました。

しかし、時代は変わり、働き方改革が進んで短時間で成果を出せる人が評価されるようになり、コロナ禍を経た今では、リモートワークと対面での業務を上手く使い分けるなど、効率的に仕事を進められる人が求められています。このように社会的状況やトレンドなども考慮に入れることで、無理のないペルソナを設定することができるでしょう。

いかがでしょうか？　その人物が入社後に活躍しているイメージが浮かんできますか？「こんな人を仲間として迎えたい」という気持ちになれますか？

答えがイエスであれば、その人物像をゴールとして採用活動を始めていきましょう。

3　母集団形成の質を左右する「採用ブランディング」

求職者から選ばれるための仕掛けづくり

ここでは、採用広報の軸となる「採用ブランディング」についてお話したいと思います。

採用を成功させるには、厳しい目で複数の会社を比較・検討している求職者に、他の企業ではなく自社を選んでもらわなければなりません。

そのために必要となるのが、採用に特化した自社ブランディングです。

その第一歩は求職者が求人情報を認知してから内定を承諾し入社に至るまでの心理状態の変化、いわゆる「求職者ジャーニー」を理解することです。ぜひ、第２章でお伝えした採用の全体像へと立ち戻り、求職者が各ステップで何を感じているのか、離脱要因はどのような点にあるのか、などを再確認してみてください。

求職者の目線に立たなければ、ブランディングは独りよがりなものになってしまい、母集団の質は欲しい人材像から乖離してしまいます。求職者の目線をふまえた採用ブランディングとは、大きく分けると図表16のような3ステップになります。とりわけ、欲しい人材が望んでいる仕事内容や条件と、訴求ポイントが合致しているかどうか、という点は非常に重要です。

たとえば、ベンチャー気質で「とにかく稼ぎたい！」、「いろいろなことにチャレンジしたい！」という志向をもつ若者を集めたい会社が、育休や時短制度について熱心に訴求しても、思うような人材は集まりません。「20代で年収1000万円も夢ではない！」などというキャッチコピーの方が確実に刺さるはずです。

逆に、「結婚や出産後もワークライフバランスを維持して働きたい女性」に向けて「20代で年収1000万円も夢ではない！」と打ち出しても、彼女たちには響きません。目をとめるWEBサイトのデザインもキャッチコピーも、求職者のタイプによってまったく異なります。

それらの点を理解した上で「誰に向けて、何を、どのようにアピールするのか」を見定めます。そのためには後述するポイントを理解することが大切です。詳しくまとめていますので、ここでしっかりと身につけていただきたいと思います。

自社内で「棚卸し」すべきポイントは？

求職者から「あの会社で働きたい」と思ってもらうためには、企業の理念やビジョンはもちろん、社内カルチャーや、キャリアパス、ライフステージが変わっても無理なく働き続けられる制度など、自社の魅力を一度しっかりと整理する必要があります。

【図表16　求職者目線を重視した採用ブランディング３ステップ】

STEP 1

CATCH

「ペルソナ」設定 &「求職者ジャーニー」把握

- 欲しい人材像（ペルソナ）を明確にして、社内でコンセンサスをとる
- 求職者が求人情報を認知してから、採用決定・入社に至るまでの心の動きを把握する

STEP 2

ADJUST

自社の魅力の棚卸し & 訴求ポイントの整理

- 自社の魅力を棚卸しし、不足があればこの機会に制度などを整える
- ペルソナが望むであろう仕事内容や条件と訴求ポイントにズレがないかを確認する

STEP 3

SELECT

採用広報を行う媒体・手法の選択

- ペルソナが頻繁に利用すると思われる求人広告媒体や採用支援サービスを選ぶ
- ペルソナに合わせて自社の魅力を言語化し、採用広報に使用する

その上で、欲しい人材に合わせた形でアピールする方法を考えていくのです。

特に次の点については、自社内でじっくりと話し合って棚卸しをしてみてください。

そこで挙がった魅力や特徴をいかに言語化し、訴求していくのかがポイントです。

①コーポレートメッセージの言語化（キャッチコピーの創出）

コーポレートメッセージをつくるにあたっては、まず理念やビジョン、自社の魅力や特徴、製品やサービスの強みなどを徹底的に言語化する必要があります。

そこで挙がったポイントを、キャッチコピーに仕立てましょう。

日立の「Inspire the Next.」や、味の素の「Eat Well, Live Well.」などは、自社の理念をストレートかつシンプルに伝えつつ多くの人の心をつかむ好例です。こうしたキャッチコピーがあることで、全体的なクリエイティブが引き締まるのです。

他方、求人広告やスカウトメール原稿など、応募につなげるための直接的な広告クリエイティブにおいては、募集条件を用いた実用的なキャッチコピーの方が効果的です。

私がよく提案するのは、募集条件（平均月収や待遇・福利厚生の強みなど）をキャッチコピーに活用することです。ここで一見カッコよく抽象的なキャッチコピーを使っても、あまりよい成果を目にしたことはほとんどありませんでした。

コーポレートメッセージでも求人広告におけるキャッチコピーでも、特に重要なのは「自社特有の要素」をできるだけメッセージに盛り込んで、他社との差別化を図ることです。

ターゲットの拡大を意識しすぎると、どうしても万人受けする言葉が並んでしまうことになり、ありきたりな内容になってしまう恐れが高まります。

そうなるとまったくの逆効果ですので、くれぐれも気をつけてください。

②待遇・福利厚生、社内制度の差別化

待遇や福利厚生、社内制度などもじっくりと棚卸しをしてみてください。

時々、「ウチにはたいした制度がない」と諦め気味の採用担当者に会うこともあります。

でも、よくよく話を聞いてみると、他社にはない制度を備えていたりすることに気がつきます。

そこを指摘すると、「当たり前に使っていたので、すっかり忘れていました」といわれたりするので、ぜひこの機会に棚卸しに取り組んでいただきたいと思います。

私が今までに聞いたことのあるユニークな制度を一部ご紹介します。

- 最大10連休の長期休暇制度
- 子どもの授業参観休暇
- 子どもの誕生日にケーキプレゼント
- 資格取得支援（外部研修の受講料を最大１００万円まで会社負担）
- 家賃サポート制度（月々の家賃負担額が２万円になるように家賃を補助する制度）
- 奨学金返済支援制度（奨学金の返済を最大１２０万円まで会社負担）

・健康推進制度（整体・カイロプラクティックの費用を年2回まで会社負担）
・コロナ対応休暇制度
・コロナワクチン特別休暇（任意）
・ランチ補助制度（お弁当支給あり）

棚卸しだけでなく、このような機会に制度を整えることもおすすめです。

労働環境が改善されることによって既存の社員の離職に歯止めをかけられれば、そもそも新規で採用する必要がないというケースもあるでしょう。さらに社歴の長い社員が増えることで新人の育成環境がより充実したものになるなど、好循環も見込めるようになります。

③キャリアアップ環境の可視化

入社後のキャリアアップも求職者にとっては重大な関心事です。

だからこそ、この会社に入ったらどのようにキャリアを重ねていくことができるのか、それらを求職者にしっかりと伝える必要があります。

どのような研修があるのか、どのようなスキルアップができるのか。

具体的なイメージや年収とともにキャリアステップを明示しましょう。

仮に、現時点でキャリアアップ制度が整備されていないのであれば、ぜひとも広告出稿に合わせて整備することをおすすめします。

だからといって、細かく長々と書く必要はありません。

キャリアステップがひと目でわかるような図（図表17参照）を用意できればそれで十分です。図がない場合は、箇条書きのテキストで、簡潔にまとめてみてください。

まずは「キャリアアップの制度がある」という事実が伝わることが重要です。制度の詳細については会社説明会や面接の場で示していくことができるからです。

④モデルケース社員の可視化

活躍している社員は、ぜひ求人広告やオウンドメディア内で紹介してください。

アサインするのは、経験者の募集であれば「中途入社で活躍している人」など採用ターゲットに訴求できそうな属性のなかで、もっとも高いレンジの年収を得ている社員がベストです。

一般的に、年収が高い社員というのは、重要なポジションで活躍しています。

このような方からは面白い話を聞けるケースが多く、インタビューを通して求職者に「この人と一緒に働きたい」と感じてもらえる可能性が高いといえるでしょう。

コストはかかりますが、カメラマンやライターはプロに依頼することをおすすめします。

その場合は、何らかの求人広告媒体で経験を積んでいる方をアサインしてください。

求職者に「憧れ」を感じてもらうことが目的の1つなので、特に写真はきれいに撮れていることが必要不可欠です。ここは意外と重要な点ですので、ぜひともご理解ください。

わずかな金額を惜しみ、質の悪い写真で妥協することだけは避けていただきたいと思います。

【図表 17　キャリアアップ制度の図例】

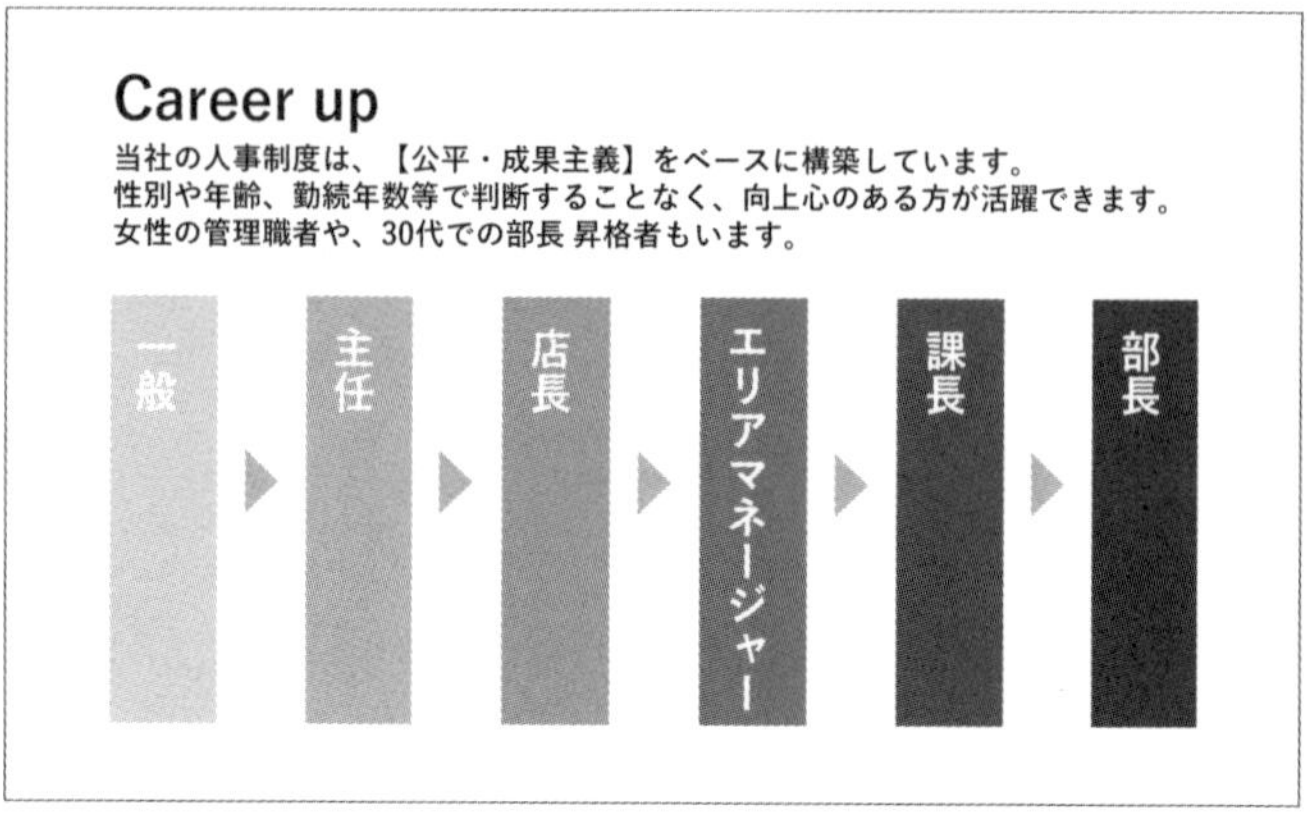
Career up
当社の人事制度は、【公平・成果主義】をベースに構築しています。
性別や年齢、勤続年数等で判断することなく、向上心のある方が活躍できます。
女性の管理職者や、30代での部長 昇格者もいます。
一般
主任
店長
エリアマネージャー
課長
部長

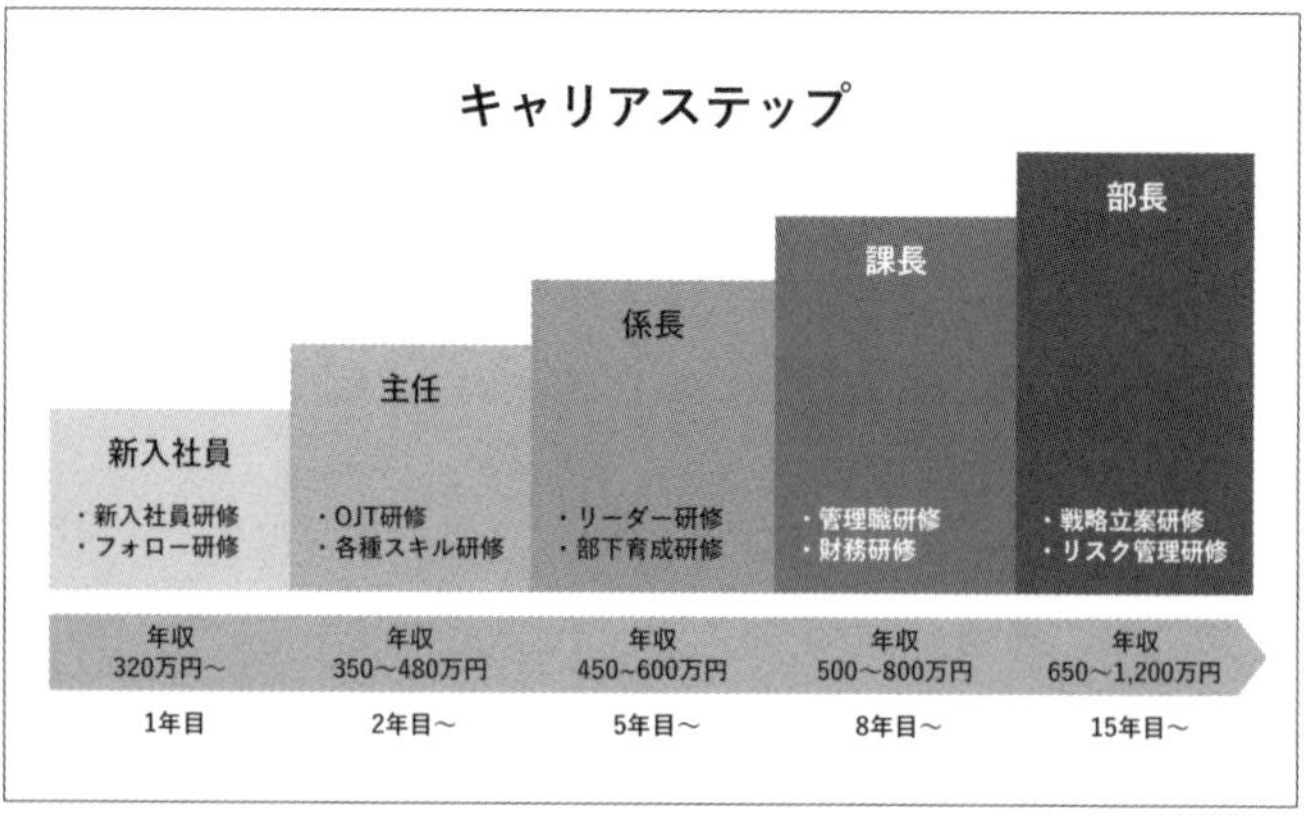
キャリアステップ
新入社員
・新入社員研修
・フォロー研修
主任
・OJT研修
・各種スキル研修
係長
・リーダー研修
・部下育成研修
課長
・管理職研修
・財務研修
部長
・戦略立案研修
・リスク管理研修
年収
320万円～
年収
350～480万円
年収
450~600万円
年収
500～800万円
年収
650～1,200万円
1年目
2年目～
5年目～
8年目～
15年目～

最近では、他社からの引き抜きを警戒して、本名を出さずにイニシャル表記にしたり、顔写真のかわりにシルエットのアイコンにしている企業も増えてきました。情報管理という観点では理解できる部分もあります。

この点については企業ごとに方針が異なるかと思いますが、「求職者に伝わる」という観点からいえば、写真を載せるほうが訴求力は確実に高まります。

第三者から評価してもらうべきポイントは？

①称号マーケティング（ナンバーワン訴求）

「日本一高い山は？」と聞かれたら、誰でも「富士山」と答えられるでしょう。

では、「日本で2番目に高い山は？」と聞かれてすぐに答えられる人がどれだけいるでしょうか。確かめたわけではありませんが割合は非常に少ないと思います。それだけ「ナンバーワン」にはインパクトがあるものです。

企業の業績や魅力についても同じです。「我が社は顧客満足度に自信があります」と書くよりも、第三者機関が「A社の顧客満足度は業界ナンバーワンです」とデータとともに証明してくれれば、ずっと高いインパクトを望めます。

このように、第三者機関からの評価をアピールするマーケティング手法を「称号マーケティング」といいます（図表18参照）。

こうした「ナンバーワンフレーズ」を取得するには、まずは社内で「ナンバーワン」を狙いたいフレーズをしっかりと考えます。漠然と羅列するのではなく、ターゲット層に訴求できるフレーズを厳選してください。

いくつかのフレーズを考えたら、オリコンやマクロミル、日本マーケティングリサーチ機構などのリサーチ専門機関に競合他社と比較するアンケート調査（イメージ調査または実態調査）を依頼します。その結果、自社が得票数で1位となった場合「ナンバーワンフレーズ」として活用することができます。

取得に成功した場合は、求人広告媒体やオウンドメディアにおいて、効果的に「ナンバーワン」のマークでアピールしていきたいものです。人事部内で運用するのが難しければ、マーケティングを担当している部署にアドバイスを仰ぐといいかもしれません。

この「ナンバーワンフレーズ」については不正取得が横行した時期があり、現在では業界団体が警鐘を鳴らしています。そのような背景もあるため、アンケート調査は信頼できる大手のリサーチ専門機関に依頼することをおすすめします。

当たり前ですが、アンケート調査を依頼したからといって必ず「ナンバーワン」を取得できるとは限りません。だからこそ「ナンバーワン」には強い威力があるのです。

とはいえ、前述の事情から気軽に「自称ナンバーワン」を名乗ってしまうと、後々大きな問題に発展する恐れがあります。これは絶対にＮＧです。

【図表 18　ナンバーワンフレーズを利用した PR 画像例】

②称号マーケティング（著名人や有識者から推薦コメント）

称号マーケティングには、「ナンバーワンフレーズ」取得以外の方法もあります。

その方法とは、著名人や有識者から推薦コメントをもらうというものです。

権威性や信頼性の担保につながるという意味で、こちらも高い訴求効果を狙うことができます。

何らかの伝手がある場合には、ぜひともたぐりよせてください。

これも人事部だけの力では対応が難しいところかと思います。マーケティング担当部署をはじめ、営業部門などにも協力を要請し、会社全体で考えていくことが大切です。

③口コミを味方につける

口コミサイトは「みんなの就職活動日記」、「転職会議」などたくさんありますが、おすすめは「Google のクチコミ」です。

その理由は、「口コミはすべてのユーザーにとって信頼できるものであるべき」という考えのもと、「スパム」や「不適切な文言」等を厳しく取り締まる適切なガイドラインを厳格に適用しながら、運用されている点にあります。

投稿された口コミ内容は、アカウントオーナー（企業側）が恣意的に編集したり削除したりすることができないため、求職者にとっては信頼できる情報源の1つになります。

そういった点からも口コミサイトはぜひ活用してください。

10～20件でも投稿があれば十分です。

「ネガティブなことを書かれたらどうしよう……」

そのような不安があることは十分に理解できます。

だからといって、過剰に心配する必要はありません。

そもそも、口コミというものは、高評価ばかりが並んでいると信憑性が下がってしまうものです。

これは私の持論になってしまいますが、「ネガティブコメント５件に対して、ポジティブコメントが10件あれば信憑性が保たれる」くらいに考えてください。

もちろん理想的なのは、高評価のポジティブコメントが自然と増えていくことです。したがって、そのための企業努力は大切になります。

万が一、ネガティブなコメントが書かれてしまったら、それが少数派になるようにポジティブなコメントを増やしていけばいいのです。

一番確実なのは、自社の社員に書いてもらうことです。

活躍している社員に「ウチのこういうところ、どう思う？」と聞いてみて、「そこはウチのいいところですよね」などという返答があれば、「そこだけでもいいから、口コミに書いてくれない？」と依頼するのです。

ちなみに、こうした方法にまったく問題はありません。

それ以外にも、親しい取引先や内定を出したけれど事情があって辞退した方などに、ポジティブコメントの投稿を依頼してもよいと思います。

対処が必要なのは、根も葉もない噂や誹謗中傷を書き込まれたときです。

そのときは、自社では削除することができないので、運営会社のガイドラインや掲載ポリシーを確認した上で、削除申請を出してください。

「我が社には訴求ポイントがない！」と思ったら？

採用コンサルタント歴18年の私からいわせていただければ、どんな企業にもそれぞれの魅力があるものです。だからこそ、まずは魅力の棚卸しをおすすめするわけです。

ですが、それでも「欲しい人材に刺さるような自社の魅力がわからない」というケースも中には存在します。そんなときにはどうするのか？

答えは簡単。〝つくってしまう〟のです。

まずはベンチマークしている競合他社や競合ではないけれど採用がうまくいっている企業などの広告原稿をよく見てください。

たとえば、広告原稿に「コロナ対応休暇あり」と書いてあれば、「家族がコロナになったときには自分も休めるのか。社員が働きやすいように、社会の変化にすばやく対応する会社なんだな」と、多くの人が好印象を受けるでしょう。

あなたの企業にも何らかの休暇制度が存在していませんか？

もし見つかれば、今だからこそ注目を集めるような名前をつけてしまうのです。

社員にとっては見過ごしてしまうような当たり前の制度であっても、ネーミングによって新たな価値が生まれることは多々あります。

ブランディングとは、「見せ方を変える」ということでもあります。

ぜひ社会情勢もよく見ながら、欲しい人材が何を求めているのか、何を不安に思っているのかをしっかり分析してみてください。

4　採用広報を成功に導く「ディレクション力」とは

採用担当者が備えておくべきディレクション力

ここでは、「ディレクション力」という耳慣れない言葉について見ていきます。

テレビ番組などの「ディレクター」を思い出した方、さすがです。役割の基本的な部分＝本質は同じと考えていただいて差し支えありません。

採用活動を成功させるためには、①採用マーケットの動向や求人広告媒体・採用支援サービスの特徴、活用方法などの情報を適切に収集して取捨選択する力、②「いつまでに○人採用する」というゴールに向けて全体を俯瞰した上で具体的なプロセスを構築する力、③社内の上層部や現場、広告媒体社や広告代理店の営業担当者等と交渉する力などが必要となります。

このグランドデザインを推進するための総合的な力を、本書では「ディレクション力」といいます。

ディレクション力の有無が採用の成否を分けるといっても過言ではありません。

さらに具体的に見ていきましょう。

新卒採用であれ中途採用であれ、いざ人を採ろうとするときには、考えなければならないことがたくさんあります。

まずは人材を募集するエリアの採用マーケット事情を把握すること。

現在、求人倍率は何倍でしょうか？　上昇傾向でしょうか、下降傾向でしょうか？　年代別ではどのような特徴が見られるのでしょうか？

このようなことを把握するリサーチ力も、ディレクション力の1つです。

また目標とする採用数を決めたら、そこから逆算して、母集団をどの程度集めるのかという問いの答えを算出しなければなりません。

たとえば、今年は新卒を30人採用するとしましょう。

去年の採用実績が10人だったとしたら、最低でも昨年のエントリー数を3倍にした人数を母集団として集める必要があります。このように、過去のデータを把握して活用する力も必要です。

ディレクション力を発揮した母集団形成の方法

では、母集団として必要な人数を集めるには、どのような手法を使えばいいのでしょうか？

求人広告媒体に出稿するのか？　就職イベントに出展するべきなのか？　ダイレクトリクルー

ティングを使うのか？　あるいは、人材紹介会社に依頼するのか？　複合的に組み合わせるなら、何と何の組み合わせがベストなのか？

手法を選ぶには、大量に存在する採用支援サービス1つひとつのメリットとデメリットを、詳細に把握していなければなりません。

広告媒体社・広告代理店とうまく付き合うことも、ディレクション力の大きな要素の1つです。とはいえ、広告媒体社・広告代理店は、当然のことではありますが、自社の取り扱う広告を売りたいもの。ノルマを背負った複数の営業担当者とうまく付き合うのは、決して簡単なことではありません。

それぞれの求人広告媒体や採用支援サービスに、実際どの程度の効果が見込めるのかを、過去の採用実績からシミュレーションしたり、全体像を見ながら広告予算を割り振ったりする。そうした分析力がなければ、セールストークに押し切られてしまいます。

これらのことをすべて網羅した上で上司に稟議をあげたり、広告原稿制作の段階で現場に協力を求めたりする交渉力も必要となってきます。

スポット採用しかしない企業にもディレクション力は必要

採用と一口にいっても、その形態はさまざまです。

毎年新卒採用を行っている企業のほかに、常に人材を必要としていて、ほぼ通年のレベルで中途採用を行っている企業もあります。これは飲食業やサービス業、人材派遣業等に多く見られます。あるいは、欠員が出たときや新規事業を立ち上げるときのみスポット的に採用する企業などもあり、採用スタイルは「通年型（新卒・中途）」と「スポット型（中途）」という、大きく2つに分けて考えることができます。

これら2つのうち、ディレクション力が試されるのは通年型の採用を行っている企業です。特に一度に数十人単位の採用をする企業は、出稿する広告の数が多くなる分オペレーションも煩雑になるので、採用担当者のディレクション力がかなり試されるといってもいいでしょう。

だからといって、スポット型の企業にディレクション力は必要ないのかというと、そんなことはまったくありません。

常に採用を意識して自社の魅力を発信し続けること。

それはそのまま企業のブランディングに直結します。

日頃から企業ブランドを構築できていれば、いざ欠員補充のため急募することになったときに、ゼロから動く必要がないのでかなり楽になるでしょう。

また、それらの発信内容が取引先の目に止まり、ビジネス上プラスに働くこともあり得ます。

スポット型の採用だからといって必要が生じたときだけ動くのではなく、日頃から自社の人材を俯瞰しながら、いつでも動けるように準備をしておくこと。それもまたディレクション力の大切な要素です。

ディレクションカには2つの方向性がある

母集団形成を有利に運ぶには、２方向でのディレクション力が必要です。

１つは、社内に対するディレクション。

本来、人材の採用や育成というのは経営戦略に関わる重要な課題です。

その中でも採用活動はまさに会社をあげてのビッグイベントであるはずです。いい人材を採用するには、社内で協力体制をつくることが欠かせません。

まずはこの事実を共有して、各現場に協力を仰ぐことが必須です。

特に人事部内でも役職がついているような立場であれば、採用計画について、率先して経営層に意見する必要も出てきます。

基本的にはどのようなことが考えられるのか、いくつか挙げてみることにします。

①キーパーソンとなる社員に広告に登場してもらう

前述した通り、活躍している社員がホームページや求人広告に登場して、「この会社で、こんなにやり甲斐を感じています」などと語ってくれると、仕事内容を長い文章で説明するよりも、はるかに高い訴求力を見込める場合があります。

「採用は人事部の仕事だから自分たちは関係ない」とばかりに協力を惜しみ、その上で「優秀な人材が採れないのは人事部の責任だ」などと苦言だけは呈するという現場を多く見てきました。

人望の厚い社員は多忙なものですが、そこを頼み込んで快諾してもらい、インタビューの実現に向けて調整をするには、相応のディレクション力が必要です。

②リクルーターとして採用活動に参加してもらう

新卒採用であれば、活躍している社員にリクルーターとなってもらい、セミナーや面接などに同席してもらうことが非常に効果的です。

中途採用にリクルーターを付けるケースは稀ですが、採用が難しい業種や職種の場合は付けるとうまくいくケースもあります。

このようなリクルーターとの日程調整、求職者の前で話してほしい内容の打ち合わせなどにも、ディレクション力が必要です。

経験的に、採用担当者がディレクション力を備えている企業では、日頃から現場との間に良好な関係性を築いているため、キーパーソンをうまく使っているケースが多いように見受けられます。

③経営層への提案

これは、人事部の中でも役職がつくような立場の方向けですが、その年の採用計画を設計する前段階で「今の経営方針や業績から、今年はこういう人をこれくらい採用したらいいのではないか」と経営層に提案する力も必要だと私は思っています。

かなりハイレベルな要求になるかもしれませんが、ただ指示が下りてくるのを待つだけでなく、戦略的な目線をもった上で提言していく。

そんな力を持っている人事の方にお会いすると、個人的に非常に嬉しく思うものです。

ぜひみなさんも、これらのディレクション力をしっかりと発揮してください。

もう1つのディレクションの方向性

最後に、採用担当者がもつべきもう1つのディレクション力について見ていきます。それは広告媒体社や広告代理店に対して発揮すべき力だと私は考えています。

第2章で、広告代理店の営業担当者を味方につけるべきだとお伝えしましたが、そういった広告会社との付き合い方にもディレクション力が必要です。

①自社にとって何が必要なのかを判断すること

企業の人事部には、広告媒体社や広告代理店の営業担当者から、自社の取り扱う商材を勧める電話やメールが連日くるものです。みなさんの中にも、そんな電話やメールの渦におぼれそうになるなど、苦い経験をされた方が少なくないだろうと拝察します。

単に連絡をしてくるというだけではなく、出稿してもらうためにはどんな営業担当者も必死で熱弁をふるいますし、値引きも提案してきます。中には押し出しの非常に強い人もいて、人事部の方はさらに対応に苦慮されているのではないでしょうか。

とはいえ、すべてを受け入れるわけには当然いきません。

強くいわれたからといって引きずられることなく必要なものを判断するには、自分自身でも情報を集め、広い視野を持っておくことが必要です。

これもまたディレクション力の1つであると私は考えています。

②複数の広告媒体社・広告代理店と効率良くつきあうこと

採用目標人数によっては、求人広告を複数媒体に出稿するケースが多々あります。

仮に、3つの媒体に出稿するのであれば、少なくとも3人の営業担当者と連絡を取り、対応を重ねていかなければなりません。

ここで採用担当者にディレクション力がなければ、進行スケジュールの調整でもたついたり、広告内容にバラつきが出てしまったりしかねません。そんなときにベテランの営業担当者であれば複数の広告媒体社・広告代理店を取りまとめる役割も担ってくれます。

個別の調整に苦労しそうなときは、信頼関係のあるA社の営業担当者に、B社、C社の広告原稿制作まで取り仕切ってもらうなど、混乱を事前に防ぐ方法を考えることも必要です。

こうした対処の仕方もまた、ディレクション力の1つです。

◆成功事例②◆魅力の棚卸しとブランディングで成功へ（アミューズメント企業の例）

ここでご紹介するのは、パチンコホールの運営などを行っているアミューズメント企業における好取り組み事例です。

この企業では年間25～30人の新卒採用をしようとしていましたが、業界自体の採用難易度が非常に高いことで知られていました。

というのも、保護者の世代には「パチンコホールで働く」ということにネガティブなイメージを抱いている方も多く、これまでも「内定承諾後に親の反対にあって辞退」というケースがしばしば起こっていました。それくらいの難しさがあるということです。

そのため、採用にかかるコストは高騰しやすく、採用人数によっては予算が数千万円規模になることも少なくありません。ここから、採用の課題としては「採用目標数の必達はもちろん、いかに採用コストを前年度以下に抑えるか」ということもあがっていました。

私が参加するまで、この企業は人材紹介（新卒紹介）に頼っていました。

一応、マイナビ・リクナビという2大媒体は利用していましたが、「マイナビ・リクナビからのエントリーは多くを望まなくていい。予算は人材紹介に集中投下しよう」と考えていたようです。

しかし、人材紹介会社からの紹介数は少なく、人材の質も高くない。他方、マイナビやリクナビにはほとんど予算をかけていないので、営業担当者も前のめりになってはくれません。

このような結果を見て、社長は人材紹介をメインにする手法に難色を示し始めました。

「人材紹介に頼っていると、採用は人材紹介会社のさじ加減ひとつに左右されてしまう。今後は、自分たちでしっかりとエントリーを集めて、総合的な採用力をつけていく方がいいのではないか？そのほうが、熱意のある人材も集まるだろう」

それが当時の社長の意見だったそうです。

この路線変更のタイミングで私に声をかけていただきました。最初に直感的に感じたのは、「この企業は、マイナビやリクナビなどの求人広告媒体だけでもエントリーはもっと集められる」ということです。ただ、それにはブランディングを徹底させる必要がありました。

この企業はパチンコホール運営だけではなく、他にもさまざまな事業を展開しています。にもかかわらず、これまでの広告原稿ではなぜかそのような部分がまったく表に出ていません。まずは、そうした事業の幅広さ、規模感を打ち出すことにしました。

さらにいえば、この企業は待遇や福利厚生が他の企業より抜きん出ています。その点についても「ナンバーワン」のキャッチフレーズを取得するなどして強調しなければもったいない状態でした。打ち出し方を変えるだけで、誰の目にも魅力のある企業に映るのです。

また、マイナビについても活用を進めることにしました。

露出を高める効果的なオプションを厳選して活用しましたが、中でも今回大きくヒットしたのがマイナビのスカウトメール機能です。対象学生のセグメントや配信スケジュール等を戦略的に実施した結果､マイナビを通じた総エントリー数約2000人のうち約40%が、スカウト中のエントリーとなりました。この数字を見ただけでも、スカウトの反応がかなりあったことがわかります。

活用できるものは何でもしっかり活用する。もちろん、予算という限界はありますが、許される範囲内であれば決して見切ることなく、可能性を最大限に追求する姿勢が重要だと考えています。

とはいえ、すべてが思い通りに運んだわけではありません。この企業に合うと思われる求人広告媒体のほとんどは私が代理店として取り扱えるものでしたが、残念ながら1つだけできないものがありました。このような場合、多くの代理店は「自社の売上につながらない」という理由で対応を拒みます。しかし、効果さえ見込めれば自社が扱っていない媒体でもグランドデザインに取り込むのが私のモットー。このときもその媒体についてのみ採用担当者に直接やりとりしていただき、残りはすべて私がマネジメントするという形で割り振りました。

クライアントとの協働は何より大切な要素の1つです。採用活動期間中は毎月定例会を開催して、学生対応における所感から細かな数字に至るまで共有していただきました。それを見ながら「一次面接の待機者がたまってきていますね。辞退者が増える可能性があるのでこのあたりで手を打ちましょう。今よりもマンパワーを増やせませんか？」などと、俯瞰しながらアドバイスをしていきます。ＰＤＣＡを回しながらのこうした二人三脚も大きな効果を発揮しました。

このようにグランドデザインを再構築し、独自の魅力を棚卸し、ブランディング、採用手法の最適化などを行ったことで採用は大成功を収めました。さらに採用単価も前年を下回りました。常に思考錯誤の連続でしたが、ディレクション力について考えるとき、必ずこのケースを思い出します。常に必要な要素が多く含まれているという点で、採用活動にはディレクション力が不可欠であることを示す好事例であるといえます。

みなさんもぜひ、参考にしていただきたいと思います。

＜第3章まとめ＞

❑ 売り手市場の現在、受け身の採用活動では成功を見込めない。求職者から自社を就職・転職先として選んでもらえるように、ターゲット層を具体化し、そこに向けて効果的に宣伝していく「採用広報(採用マーケティング)」は必須。

❑ 欲しい人材像(ペルソナ)をしっかりと定めておかなければ、訴求ポイントや面接の通過基準にバラつきが生じてしまう。とはいえ、厳しく定めすぎず「この程度に達していれば採用しよう」というラインを設けておくことも重要。

❑ 他社との差別化を図れる魅力ある企業はナンバーワンフレーズを取得することがおすすめ(称号マーケティング)。

❑ 採用担当者には、自社内から協力を得る力、広告媒体社・広告代理店の営業担当者をうまくコントロールする力など、総合的なディレクション力が求められる。

第4章　母集団形成をサポートしてくれる採用支援サービス

1　今や、採用活動はＷＥＢマーケティングの時代

求人広告は紙媒体からＷＥＢ媒体へ

求人のための広告ツールは、ＩＴ革命が起こる以前は紙媒体しかありませんでした。リクルートやマイナビといった大手広告媒体社は、まだ紙しかなかった時代に、ビジネスを大きく進展させた老舗企業です。リクルートが最初の就職情報誌である『企業への招待』を創刊したのが１９６２年。今から半世紀以上も前の出来事だと知って、この業界に入ったばかりの頃に、とても驚いた記憶があります。

しかし、この数年、求人情報誌を見かけることはすっかりなくなりました。

求人広告はほぼ完全に、ＷＥＢ上に移行しているといって間違いありません。

新卒採用では「マイナビ」や「リクナビ」、中途採用であれば「マイナビ転職」「リクナビＮＥＸＴ」「ｄｏｄａ」などの名前がすぐに思い浮かぶ方もいらっしゃることでしょう。

これらの広告は、紙媒体からＷＥＢ媒体に変わったというだけであって、広告枠への掲載型という広告手法自体に大きな変化はありません。とはいえ、情報が氾濫するＷＥＢ上で広告効果を最大限に上げていくためには、さまざまな工夫を凝らす必要があります。

そこでまずは、求人広告媒体を掲載する際のポイントをまとめてみました。

①募集する職種に強い媒体を選定する

求人広告媒体は文字通り多種多様です。

総合的な職種に対応できる媒体のほか、エンジニアに強い媒体、あるいは、派遣案件に特化した媒体など、その特徴は実にさまざまです。自社が募集する職種・ポジションにはどの媒体がもっとも適しているのか、判断材料を集めてみてください。

たとえば、「職種名＋求人」というキーワードで検索した際に1ページ目に出てくるかどうかは、掲載先を選定する上で1つの目安となります。ただ、求人広告媒体にはトレンドがあります。

「1年前であれば応募者の質もよく、よい人材を採用できていたけれど、今はあまり効果がない」という媒体もあることを念頭に置いておく必要があります。

②上位表示される企画・サイズで掲載する

どれだけ優れた広告原稿をつくったとしても、検索結果の表示順位が最後になってしまったなら、誰の目にも触れない可能性が高いです。特に競合が多いケースや短期間で成果を出したいケースでは表示順位を上げることで効果が大きく変わる場合があります。

媒体に上位表示ができるオプションがついている場合は、ぜひ利用を検討してください。

「○○特集」と括られた掲載やバナー広告などにも目移りするかと思いますが、優先すべきは「検索結果での上位表示オプション」だと思っておいて間違いないでしょう。

また、広告のサイズも企業イメージを左右するものとして非常に重要です。

小さなサイズの広告は、最低限の募集要項を文字情報として載せることしかできません。しかし、写真やPR画像を挿入すると、自社の魅力や訴求点の視覚化からイメージアップにつながるため、社内の雰囲気や働く環境がイメージできる写真などを複数載せることをおすすめします。

③スカウトメールの活用で応募数を底上げする

今ではほとんどの求人広告媒体に「求職者の登録情報から条件を絞り込んで、該当者にのみ直接スカウトメールを送る」というスカウト機能がついています。

さらに近年では、「マイナビ転職」であれば「コンタクトメール」、「リクナビNEXT」ならば「こだわりアプローチ」のように、AI分析によってマッチした求職者に定型文での簡易スカウトメールを送れる機能もあります。

本格的なダイレクトリクルーティングには少しだけ劣りますが、私自身、スカウトメール経由で採用につながったケースを過去に何度も見てきました。

みなさんもぜひ、活用してみてください。

求人広告媒体以外に、WEB上で求人を募集する方法は？

求人広告媒体以外にも、WEB上ではさまざまな方法で求人を募集する方法があります。

最適な判断を下すためには、できるだけ多くの選択肢を持っておくことが望ましいといえます。

ここでそのいくつかをご紹介しましょう。

①リスティング広告（検索連動型広告）

「Google」や「Yahoo!」で検索ワードを打ち込んだ際に検索結果の上位に表示されるもので、そのキーワードを購入している企業による広告です。

ＵＲＬの前に「スポンサー」と明記されているため、すぐに見分けがつきます。

今ではさまざまなジャンルで広告として利用されていますが、この数年間で、ＨＲ業界における採用手法としても多用されるようになってきました。

②ディスプレイ広告（ＧＤＮ）

YouTubeなど、Googleと提携する２００万以上のＷＥＢサイトやアプリの広告枠に出稿されるバナー広告です。

前述のリスティング広告はそのキーワードを自ら検索したユーザー、つまり転職・就職顕在層に向けた広告ですが、バナー広告は「偶然目にする」ことを狙う広告であるため、転職・就職潜在層への認知を促すために有効です。広告を目にすることで、心の中に眠っていた転職・就職願望に火が点き、そこから積極的に活動を始めるようになるという仕掛けです。

ディスプレイ広告には、年齢・地域・行動特性などのターゲティング機能があり、配信対象者を絞れる点も魅力の１つです。

③ＳＮＳ広告

Facebook、Instagram、Twitter、TikTokなどのプラットフォームに配信する広告です。

ＳＮＳのタイムラインやストーリーズ、おすすめアカウント欄に表示される広告などが該当し、最近ではテキスト＋バナーだけでなく、動画やカルーセルを活用して訴求するものも増えています。

ユーザーのプロフィール情報に基づく精度の高いターゲティングや、リスティング広告などではリーチしづらい潜在層へ効果的にアプローチできるのが、ＳＮＳ広告の最大の魅力です。

④ Google ビジネスプロフィール

かつては「Google マイビジネス」という名前でした。検索結果画面や Google マップ上に企業や店舗情報を掲載できる無料のサービスです。

「エリア名＋キーワード」で検索したときに表示されるので、飲食店・美容室・ホテルといった複数店舗を持つＢｔｏＣ向けのビジネスと好相性ですが、求人に活用することも可能です。

最新情報（ホームページに記載するニュースや TOPICS などの情報）や口コミは、求職者が興味をもってチェックする項目なので、ぜひ活用してください。Google ビジネスプロフィールに記載したワードも Google 検索にヒットするので、会社の特徴などもしっかり書いておきましょう。

右記は、あくまでも求職者にリーチする入口となるものです。

これらの広告をクリックした先の受け皿をどうするのか、これはセットで考える必要があります。ホームページ、採用サイト、採用ランディングページ、掲載中の求人広告媒体など、受け皿の選択肢は複数あります。

いかに応募へつながる導線づくりを構築できるかがポイントです。

【図表 19　代表的な WEB・SNS 広告媒体】

媒体	Webサイト訪問(UU)数 利用者層	概要
Google	約6,624万人 20代〜50代	WEB広告を代表する広告媒体。世界的にも使用ユーザーが多く、検索キーワードに応じた広告が配信されるため、ユーザーの興味・関心に応じた広告を配信できる。
Yahoo	約6,656万人 30代〜50代	Googleと同様に検索キーワードに応じた広告配信が可能であり、Yahooポータルサイトというブランド力のある配信面にディスプレイ広告配信が可能。
Facebook	約2,600万人 20代〜50代	最大の特徴はターゲティングの精度と配信種類の多さ。実名で登録するなど、詳細なデータが存在しているため、細かなターゲットが可能。BtoC商材に限らず、BtoB商材でも効果が期待できる。
Instagram	約3,300万人 10代〜40代	他媒体に比べエンゲージメント率が高くブランディングなどビジネスにも多く使用される。また、Facebookの機能と連携しているため、ターゲティング精度が高く、成果獲得でも大きな成果が期待できる。
Twitter	約4,500万人 20代〜40代	様々なプロモーション方法があり、フォロワーターゲティングなどTwitter独自のターゲティングがある。また、出稿した広告がリツイートされるなど2次拡散され、リーチが広がりやすい。
TikTok	約950万人 10代〜20代	国内では女性が6割で10代〜20代と若年層ユーザーが多いショートムービーSNS。広告枠は3つと少ないがターゲティング精度も上がっている。バズるクリエイティブ動画が肝となる。

2　押さえておくべき採用WEBマーケティングにおけるトレンド

影響力を強める「Google」と「indeed」

採用活動は求人広告媒体への広告出稿をメインとしながらも多様化が進み、今では「採用WEBマーケティング」と呼ばれるようになりました。

変革の皮切りとなったのは、２００９年に「indeed」が登場したことでしょう。「indeed」は、もはや単なる広告媒体ではなく、「アグリゲート型求人サイト（別名：求人版検索エンジン）」と呼ばれています。

サイトに掲載された求人情報のみが閲覧できる既存の求人広告媒体に対して、「indeed」は何が違うのでしょうか？

それは、クローラーと呼ばれるプログラムがWEB上を巡回して、必要な情報を取得・保存する「クローリング」という技法を採用したことです。

たとえば、「indeed」で「キーワード（職種・会社名など）＋勤務地」を入力して検索すると、WEB上に溢れている求人情報がすべて提示されるため（全職種・全雇用形態に対応）、求職者は非常に効率よく情報を集めることができるようになりました。

企業側は、採用サイトや採用ランディングページなどのオウンドメディアに掲載した求人情報をクローリングしてもらうことで、「indeed」を通して求人情報を無料で拡散することができます。反対に、「indeed」で企業情報を見つけた求職者が、そこから企業のホームページに飛ぶこともできます。また、オウンドメディアを持っていない企業は、「indeed」のフォーマットを使って、直接投稿という形で求人掲載をすることも可能です。

また「ＷＥＢ上に溢れている求人情報が、全職種・全雇用形態に対応する形で提示される」とお伝えしたように、企業のオウンドメディアのみならず、「タウンワーク」や「ｄｏｄａ」といった、あらゆる求人広告媒体に掲載されている求人情報の大半が網羅されているという点も「indeed」の大きな特徴の１つです。

こうした動きによって、企業側、求職者側、双方にとって活動は非常に効率的になりました。アグリゲート型求人サイトは、その後、「求人ボックス」や「スタンバイ」なども登場し、今では多くの人が当たり前のように活用しています。

ちなみに、「Google」は「Google しごと検索」というアグリゲート型求人サイトをもっています。こちらも仕組みは「indeed」と同じで、キーワードを検索すると、ＷＥＢ上の求人情報を収集してくれるサービスです。ただ現時点ではクローリングのみで直接投稿することはできず、有料広告枠なども存在しません。そして、検索結果の画面に表示されるのは上位３社のみで、その他の情報は詳細画面を表示しなければ閲覧できません。以上の点をふまえると、現段階ではそれほど高い効果は見込めませんが、無料なのでぜひ活用してみてください。

「Google」の機能を理解する

そもそも、今の世の中、何かを調べようと思ったら、大半の人が「Google」で検索しますよね。「Googleに情報が載っていない」という時点で、残念ながら致命的だといわざるを得ません（「Yahoo!」は2011年から「Google」の検索エンジンを採用しており、説明を割愛します）。

アグリゲート型求人サイトとして絶大な力をもつ「indeed」の検索エンジンは自前のものです。しかし、その情報の源泉は「Google」です。

よって、「Google」に情報が出ていなければ、「indeed」には掲載されません。

前述した「求人ボックス」や「スタンバイ」なども、仕組みは基本的に「indeed」と同じです。ユーザー数や提携しているサイトの違いはありますが、「Google」という大きな土台の上に乗っているという点で同質です。どれを使うとしても「Google」に情報が出ていなければ機能せず、熾烈な競争において致命的な状況に陥ってしまいます。

ここで留意すべきなのが、「Google」や「indeed」のガイドラインや掲載ポリシーが一定の頻度で変更される点です。基本のガイドラインや掲載ポリシーに反してしまうと、せっかくつくった求人広告が検索エンジンに反映されない結果に終わります。

とはいえ、採用担当者がWEB事情に明るくなければ、そこまで細かくチェックするのは至難の業です。第2章でお伝えしたように、外部の専門家を頼るか、または社内のマーケティングなどに携わる部署に力を借りる方がよいかもしれません。

【図表 20　求職者がWEB 上で求人情報を検索し、応募に至るまでの流れ】

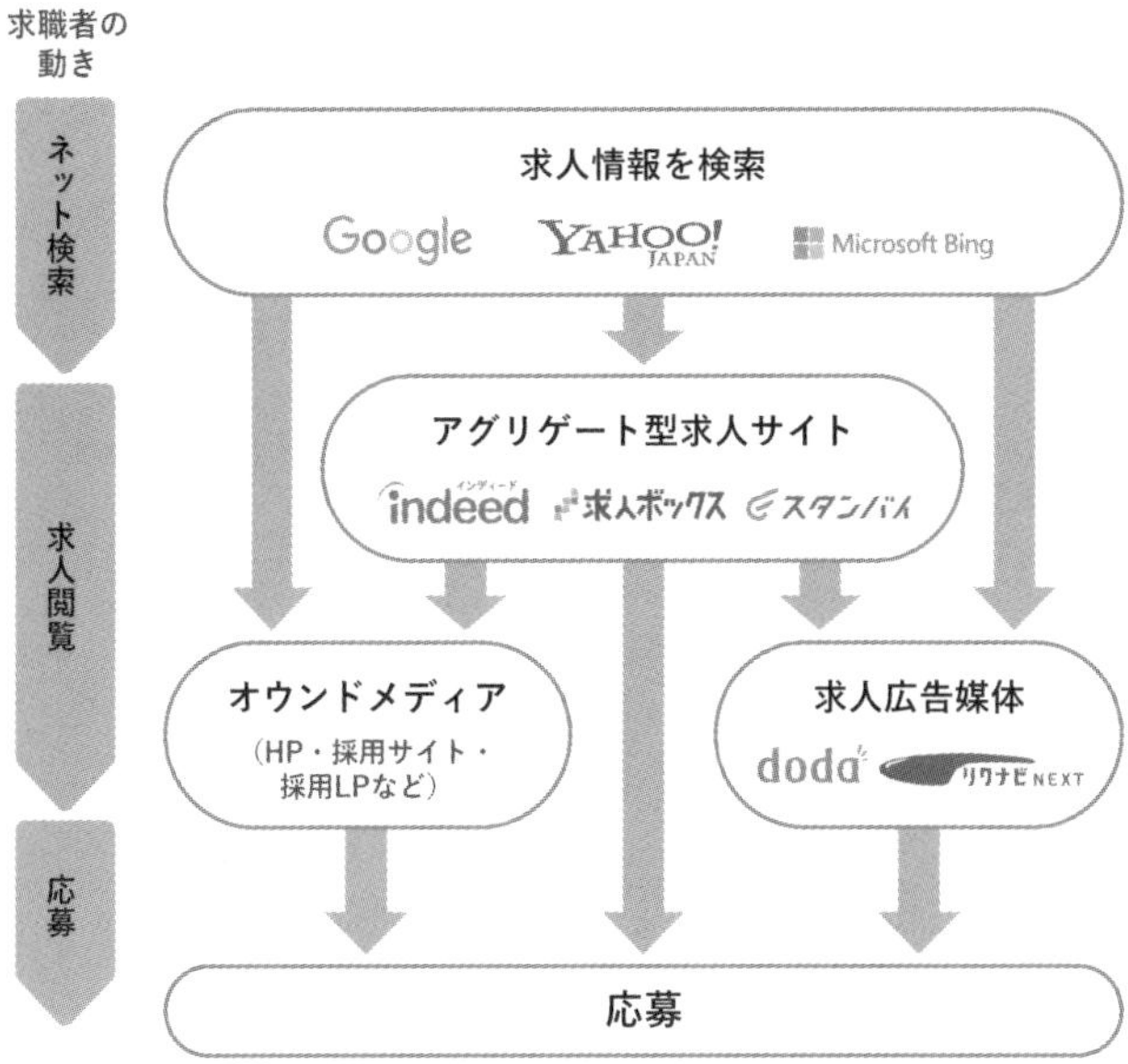

【図表 21 「indeed」のアルゴリズムはブラックボックス？】

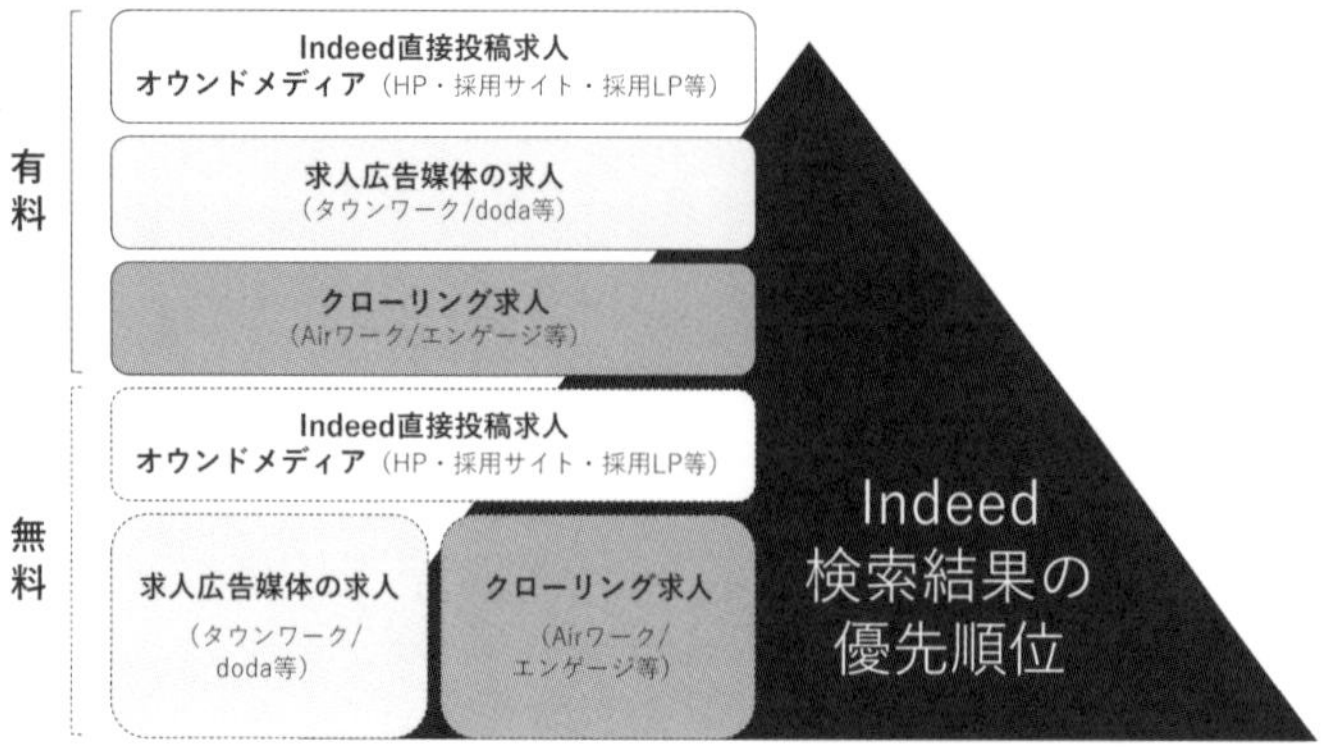

社内エンジニアしか知らないブラックボックスといわれている「indeed」の検索アルゴリズム。その検索結果順位について、関係者からの情報と、私の広告運用経験から導き出した１つの結論＝検索結果の優先順位がこちらです。

現時点では、「indeed」は直接投稿とオウンドメディアを重視していることがよくわかります。

※「indeed」の検索アルゴリズムは常に変動しています。
　上図は、現時点での推測となりますので、ご注意ください。

昨今のトレンドは「ダイレクトリクルーティング」

コストパフォーマンス、タイムパフォーマンスともに理想的な母集団形成とは、極論をいえば、「応募人数は２～３人、全員が採用対象者で、その中から１人を採用する」という形です。

そこまでうまくいくことはなかなかないとはいえ、狙った人材に直接スカウトメールを送付するダイレクトリクルーティングであれば、このような理想形に近づけることができます。まさに昨今、主流となりつつある採用手法であるといえます。テレビＣＭなども頻繁に流れているのでＨＲ業界以外の方にも認知度は上がっていることと思います。

代表的なサービスは、中途採用では「ビズリーチ」、新卒採用では「オファーボックス」です。企業はこれらのサービスに登録している求職者・就活生に直接メールを送り、採用に至った場合は運営会社に対して成功報酬を支払います。

こうした手法が重宝される背景にあるのは、労働力人口の減少による人材不足です。「とりあえず今までのやり方でやっておけば母集団形成は大丈夫」という時代ではありません。そもそも、求人広告媒体をはじめ採用支援サービスが多様化しているので、競合他社との差別化ができなければ埋もれてしまいますし、よほどの知名度のある会社でなければただ待っているだけで人が集まってくるという状況ではなくなっています。新卒採用であれ中途採用であれ、他社に先駆けて優秀な人材とコンタクトを取ろうと思えば、ダイレクトリクルーティングという「攻め」の採用スタイルはかなり有効であるといえるでしょう。

ダイレクトリクルーティングのメリット

ダイレクトリクルーティングには、次のようなメリットがあります。

・企業側が求めている人材のみと接触するので、採用の可能性が低い求職者とのコミュニケーションに時間を割く必要がありません。入社後のミスマッチが少ないことも利点の1つです(よって、大量採用には向いていないというデメリットがあります)。

・企業側からアプローチをかけるダイレクトリクルーティングは、企業の知名度に関わらず求職者とコンタクトを取ることができます。「スカウトがくるまで、この会社のことは知らなかったが、改めて調べてみたら自分にぴったりだった」という求職者との出会いを期待できる点が、大きなメリットの1つです。

・中途採用の場合、求人サイトで仕事を探している求職者には能動的に活動している転職顕在層が多いものですが、スカウトを待っている求職者には「もしよいところからスカウトが来たら転職を考えてみよう」という転職潜在層が少なくありません。他社に先駆けて優秀な人材とコンタクトを取るなら、このような潜在層を掘り起こしていくことも得策です。

本章の1でもお伝えした通り、既存の求人広告媒体にもスカウトメール機能はついています。ただ、ダイレクトリクルーティングに比べるとその効果はやや劣ります。これらのメリットをよく理解した上で、既存の求人広告媒体との比較をしていかなければなりません。

そのために、もう少し詳しく見ていくことにしましょう。

【図表22　代表的な採用手法のメリット・デメリット】

未経験者採用	求人広告媒体	ダイレクトリクルーティング	人材紹介
採用ターゲットとのマッチ度	○ 多様な人材が応募可能。 母集団が一定程度集まれば、 マッチする人材を選ぶことができる。	○ 採用要件にあった人材のみに アプローチできる。 採用要件が人柄重視の場合は、 求人広告媒体とさほど変わらない。	○ 採用要件に合う人・近しい人を 紹介してくれる。 採用要件が人柄重視の場合は、 求人広告媒体とさほど変わらない。
母集団形成	◎ 応募は集めやすい。 幅広い層にアプローチできる。	○ 応募は集めやすい。 スカウト配信数に応じて調整可能。	△ 応募は少ない。 紹介会社の登録者データベースに いないとアプローチできない。
工数	○ 広告原稿の打ち合わせから、 応募者対応、面接調整・実施など、 一連の工数が発生。	△ 採用要件の設定、スカウト原稿作成、 応募者対応、面接調整・実施など、 一連の工数が発生。	◎ 候補者の選定から面接調整まで 紹介会社が対応するので工数は軽減。
コスト（採用単価）	◎ 利用課金型 利用プランに応じた費用がかかる。 採用数次第で採用単価を下げることが 可能。	○ 利用課金型 利用プランに応じた費用がかかる。 採用数次第で採用単価を下げることが 可能。	△ 成功報酬型 紹介手数料：採用者の年収30～35% 未経験者採用の場合、100万円以下の 定額で対応している紹介会社もある。

経験者採用	求人広告媒体	ダイレクトリクルーティング	人材紹介
採用ターゲットとのマッチ度	○ 多様な人材が応募可能。 幅広い層にアプローチできるが、 採用要件に合わない応募者も 増えやすい。	◎ 採用要件にあった人材のみに アプローチできる。 経験年数、スキル、資格などの スペックセグメントは効果的。	◎ 採用要件に合う人・近しい人を 紹介してくれる。 紹介会社の担当者により正確性に バラつきがある。
母集団形成	△ 応募は集めにくい。 利用プランの選定、原稿設計、 スカウトメール活用など、 採用ターゲットへの訴求がポイント。	△ 応募は集めにくい。 採用要件にあった人材のみに アプローチできるため、応募者の 面接通過率・採用率は高くなる。	△ 応募は少ない。 紹介会社の登録者データベースに いないとアプローチできない
工数	○ 広告原稿の打ち合わせから、 応募者対応、面接調整・実施など、 一連の工数が発生。	△ 採用要件の設定、スカウト原稿作成、 応募者対応、面接調整・実施など、 一連の工数が発生。	◎ 候補者の選定から面接調整まで 紹介会社が対応するので工数は軽減。
コスト（採用単価）	○ 利用課金型 利用プランに応じた費用がかかる。 未経験者採用よりも採用単価は 高くなりやすい。	○ 利用課金型 利用プランに応じた費用がかかる。 未経験者採用よりも採用単価は 高くなりやすい。	△ 成功報酬型 紹介手数料：採用者の年収30～35%

ダイレクトリクルーティングが優れている理由

その理由の1つは、既存の求人広告媒体のスカウト機能は、配信件数が圧倒的に多いことです。新規企業向けのお得なプランや長期掲載プラン、チケット（回数券）が安く購入できる期間限定のキャンペーンなどには必ずといっていいほどスカウトメールが無料で付いており、１０００通単位でセットになっているキャンペーンも存在します。

そうなると、求職者が受け取るスカウトメールの絶対数が多くなり、そうした数に辟易する人はだんだんと開封しなくなりますし、人によってはメールの設定を解除してしまうこともあります。

その点、「ビズリーチ」や「ｄｏｄａリクルーターズ」などは、そうした配信過多が起こらないように慎重に設計されているため、厳選した人材にのみスカウトメールを送ることになります。

求職者側もその点を理解していることが、効果の大きさにつながっています。

3　採用WEBマーケティングのベースは「オウンドメディア」

アグリゲート型求人サイトの台頭で見直される「オウンドメディア」

昨今、「オウンドメディアリクルーティング」という言葉を耳にすることが増えました。

この言葉は、採用サイトや採用ランディングページなど自社で運営しているメディアを活用して母集団を集める手法を意味しています。

本章の1では、採用ＷＥＢマーケティングのポイントとなるアグリゲート型求人サイト対策やダイレクトリクルーティングなど先端的な採用手法についてお伝えしてきましたが、しかしこれは基本中の基本であり、アグリゲート型求人サイト全盛期だからこそ外せない手法が、ここで見ていくオウンドメディアリクルーティングなのです。

オウンドメディアの整備を徹底すべき理由は2つあります。

1つ目は、表現の自由度が高いことです。求人広告媒体への出稿であれば、企画やサイズごとにフォーマットが決まっていますが、オウンドメディアは体裁に制限がないため、自社の魅力を自由に表現することができます。いうまでもありませんが、掲載期限も無限です。

その結果として、自社の価値観に深く共感する人材をじっくりと集めることができる。その点が大きなメリットだといえるでしょう。これがミスマッチの防止、早期離職対策にもつながります。

参考として、図表23からもわかる通り、多くの求職者が求人情報以外に企業のホームページや採用サイトを通して企業研究を行っています。求人広告媒体で伝えきれない自社の魅力は、写真や動画なども活用しながら、ぜひオウンドメディアで表現してください。

もう1つの点、これこそ重要なのはオウンドメディアを「indeed」や「Google しごと検索」にクローリングさせることが、今や母集団形成の基本になっているという点です。

せっかく「indeed」や「Google しごと検索」での検索でヒットしても、求職者がたどり着く先のオウンドメディアが不十分なものであれば、応募にはつながりません。

【図表 23　企業の「採用サイト」に対する求職者の意識】

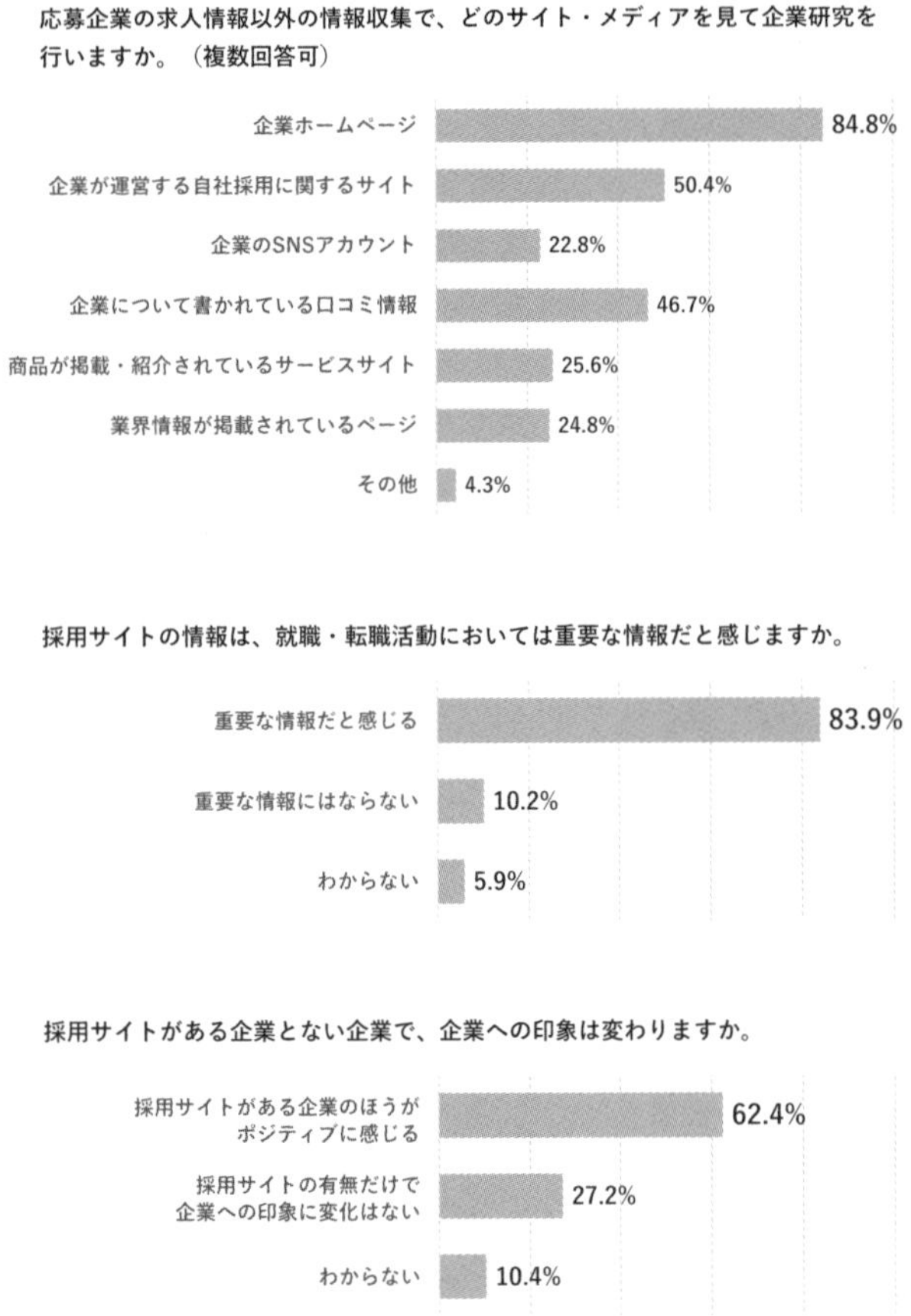

出典：（株）ONE「転職・就職活動の情報収集についての意識調査」
2021 年 7 月 19 日

ＷＥＢマーケティングの熾烈な闘いを勝ち抜くには、そのベースとなるオウンドメディアをいかにきちんとつくり込こんでおくか。そこが勝負になるといっても過言ではありません。

また、確実にクローリングさせるためには技術が必要です。

オウンドメディア制作における鉄則とは

これからオウンドメディアをつくる場合には、必ず「indeed」や「Google しごと検索」の仕組みを理解した上で着手してください。

「indeed」にクローリングされるためには雇用形態、職種、仕事内容、雇用主の会社名、勤務地、給与などが記載されていることが条件です。クローリングされないときは、何らかの情報が欠けているということになります。検索でヒットしないときは、「indeed」に問い合わせてみましょう。

注意が必要なのは、前述した「Google しごと検索」です。

「Google しごと検索」にインデックスされるためには構造化データを「JSON-LD」というデータフォーマットで作成して埋め込む必要があります。

このステップを踏まなければ、せっかくオウンドメディアをつくっても「Google しごと検索」ではヒットしません。

ここは専門的な知識がなければ対応が難しいので、業界事情を熟知している人に一任することをおすすめします。

オウンドメディア制作だからこそプロに頼む

では、オウンドメディア制作は誰に頼めばいいのでしょう？

基本的には、ＷＥＢ制作ができる広告代理店やＷＥＢ制作会社に依頼することをおすすめします。

特に、採用サイトや採用ランディングページをつくった経験のある広告代理店やＷＥＢ制作会社がベターです。経験のないところに頼り切ってしまうと、失敗してしまう可能性が高いからです。

「indeed」や「Google しごと検索」の仕組みを理解して、ユーザビリティや適切な応募導線を考慮した上で、提案・制作してくれる編集ディレクターやデザイナーがいればいうことはありません。

近年では、マンパワー的に自社でオウンドメディアをつくるのが難しい企業をターゲットとして、簡単にオウンドメディアが作成できるサービスも増えつつあります。

たとえば、「Air ワーク」や「エンゲージ」などは、採用ホームページの作成、求人ページの作成・掲載、応募者管理までが一括で対応できるオウンドメディアサービス（採用管理サービス）です。求人を公開するだけで「indeed」や「Google しごと検索」に自動で掲載することができ、さらには有料の広告掲載も可能です。

基本の機能はすべて無料で利用できるため、まずは低コストで始めたい企業には魅力的です。

さらに、採用管理システム（ＡＴＳ）を提供している企業からは、ＷＥＢ制作をセットにした、オウンドメディアリクルーティングサービスなども出てきました。

ただ、採用管理システム（ＡＴＳ）の利用料が月額で発生するため、長期的な採用計画と照らし

【図表24　採用ランディングページのワイヤフレーム例】

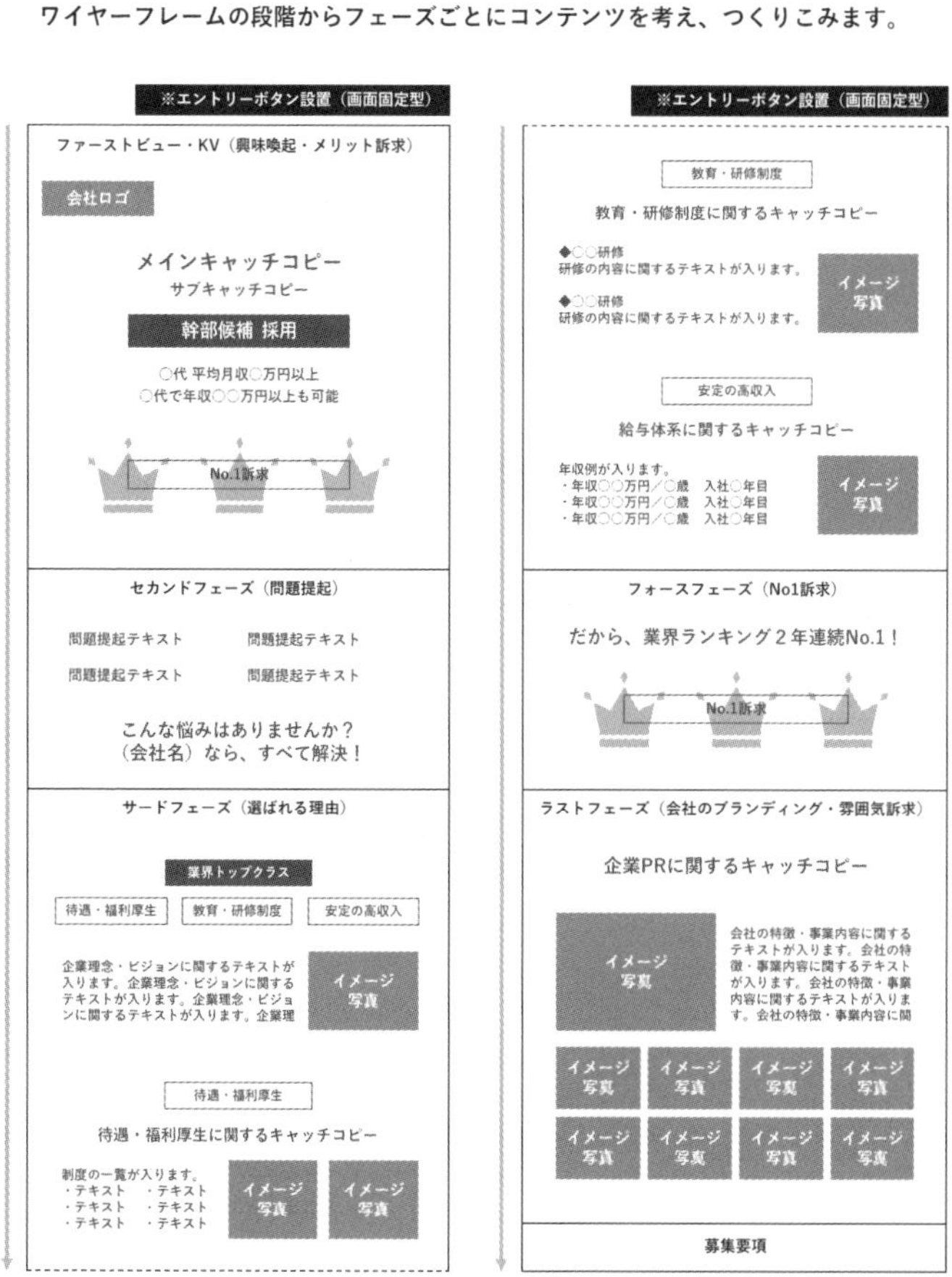

ワイヤーフレームの段階からフェーズごとにコンテンツを考え、つくりこみます。

合わせて、コスト効率・費用対効果で判断する必要がありそうです。

オウンドメディアに盛り込むべきポイントは、第3章の3で詳しく見てきたブランディングの要素です。企業理念やビジョン、業務内容や給与などだけでなく、待遇や福利厚生、ナンバーワンのような称号や社員へのインタビューなど、載せられるものはすべて載せましょう。FAQなども入れておくと、問い合わせ対応が楽になります。

「SNS広告」や「Googleリスティング広告」を出す前に

昨今、「母集団形成のためには、SNSを活用するのが常識」といった声をよく聞きます。

たしかに、経営者の魅力や和気あいあいとした仕事風景等を発信するオウンドメディアとしての活用は、企業のファンをつくるという側面もあり、採用にも効果的です。無料で使えること、拡散力が強いことなどから、うまく使いこなす企業も増えてきました。頻繁に更新するにはマンパワーが必要なので、すべての企業におすすめできませんが、余力さえあればチャレンジする価値はあるでしょう。

気をつけなければならないのは、「SNS広告」や前述した「Googleリスティング広告」です。

「こんなにたくさん求人広告を出しても応募が集まらないのだから、「YouTube」や「Instagram」、「Twitter」にも広告を出したほうがいいのではないか?」などといわれることがよくあるのですが、私はいつも再考を促しています。

求人広告媒体や、ダイレクトリクルーティングのPDCA、アグリゲート型求人サイト対策などをおろそかにしたまま「ＳＮＳ広告」に手を出しても、うまくいった試しがないからです。

当然のことですが、仕事を探している人が利用する求人広告媒体とは異なり、ＳＮＳユーザーは常に仕事探しを目的にスマホを開いているわけではありません。そこに求人広告を流して応募まで誘導するには、ターゲティングや訴求デザイン、細かな導線設計などのＷＥＢマーケティング力が必要で、その難易度は高いものであることは想像に難くないでしょう。

積極的にはおすすめできないもう１つの理由

「ＳＮＳ広告」や「Googleリスティング広告」をおすすめできない理由はもう1つあります。

それは、「仕事を探している人は企業単体の求人広告よりも、たくさんの求人情報が集まっている求人広告媒体やアグリゲート型求人サイトに引き寄せられる」ということです。

たとえば、エステ業界での仕事を探している人が「Google」で「エステティシャン＋求人」というキーワードを入力したとしましょう。求人広告媒体や、アグリゲート型求人サイト、人材紹介会社（転職エージェント）の広告に交じって、「エステティックサロン○○」という某企業単体の広告が出てきます。仮にクリックし、内容に好印象をもったとしても、他のサロンと見比べることなく、即応募する可能性はあまり高くないといっていいでしょう。

まずは給与や勤務地などの条件を見比べるために、求人情報がたくさん集まっている求人広告媒体やアグリゲート型求人サイトを見にいくからです。

企業単体でWEB広告を出したときに競合となるのは、競合他社ではありません。さまざまな求人広告媒体やアグリゲート型求人サイト、人材紹介会社（転職エージェント）が真の競合となるのです。成功する可能性はもちろんありますが、一般的な中小企業にとっては難易度の高い手法です。繰り返しになりますが、最優先にすべきは、オウンドメディアの整備、求人広告媒体やダイレクトリクルーティング、アグリゲート型求人サイト対策です。

それでもまだ物足りない、マンパワーも予算もある、もう少し何かやってみようと思ったときに、初めて手を出すのが「SNS広告」や「Googleリスティング広告」といったWEB上での企業単体広告なのです。なかなか成果が出ないときは、つい飛び道具的な手法を求めてしまいがちですが、地に足をつけた採用手法が何より強いということは間違いありません。

4　増加する採用支援サービスと使いこなせない現実

効果的な採用手法が増えているのに、採用で失敗するのはなぜか？

ここまでお伝えしてきたように、WEBマーケティングは多様化・複雑化し、その手法はもはや氾濫しているといってもいいような状況にあります。

ここで意識しなければならないのが、「採用支援サービスがたくさんあることと、それらを十分に使いこなせることはまったく別である」という観点です。サービスを使いこなすということは、情報の渦に飲み込まれることなく、自社に適した採用手法を選び取れるということ。

しかし、採用担当者はもちろんのこと、ＨＲ業界の人間でさえも、両者が完全に別物だという本質を理解できていないケースが少なくありません。「母集団形成が大事なのはよくわかっているけれど、求人広告媒体も採用手法も関連する情報も大量にありすぎて、どうしていいのかわからない」。それが本音という方も多くいらっしゃることでしょう。採用人数が多い企業ほどそうした状況に陥りがちです。いつの時代も、目指す終着点はみな同じです。企業にとっては「納得のいく採用をすること」、求職者にとっては「納得のいく就職・転職をすること」という一点に尽きます。よって採用効率を上げるためにつくられたサービスに翻弄されてしまっては、まさに本末転倒です。

大事なのは、「最新のサービスを使うこと」ではありません。

職種や業種の違いだけでなく、未経験者でもＯＫなのか。いつまでに何人採用したいのか。最適な人材が見つかるまで活動するのか、予算はどの程度なのか……など、グランドデザインによって使うべきサービスや採用手法は異なります。それぞれのサービスの特徴を把握して、状況によって使い分けることが重要なのです。

採用担当者の間に広がる格差

ＷＥＢマーケティングは、セールスプロモーション領域の広告業界が牽引してきたものです。それをＨＲ業界で応用しようとしているのですから、混乱が生じるのも無理はないでしょう。

広告業界とHR業界では、そもそも担ってきた仕事の質が違うからです。

それでも昨今、サービスや採用手法の増加とともに、採用担当者の間に「WEBマーケティングリテラシー」の格差が広がりつつあり、採用を支援する側として危機感を覚えることがあります。採用担当者がWEBマーケティングの理解に積極的であれば、効率のよい採用計画を立てることも広告業者をうまく選定することもできるけれど、そうでない採用担当者は、残念ながら今の流れに取り残されていく。その差がはっきりと出てきているのです。

たしかに、後者の採用担当者を支える広告媒体社や広告代理店の営業担当者も存在します。しかし、全員がWEBマーケティングの世界で育ったわけではなく、これまで「広告の枠を売る」という仕事をしてきた人たちがほとんどです。もちろん、日々猛烈に勉強されているでしょうが、なかなか理解が追いついていない状況を目にすることもあります。

時代は、少しでも他社に先駆けて動くことが採否を分ける売り手市場。WEBマーケティングリテラシーの二極化が、そのまま採用の成否に直結しているのが現状ではないでしょうか。

第2章で見てきた通り、飲食業、観光業、航空業など、コロナ禍で一時的に採用を控えざるを得なかった業種では、人事部の人員を削減したケースも少なくありません。そのような企業では、2022年あたりから採用活動を再開したものの人事部のマンパワーが足りず、新たな採用手法を取り入れるための準備に十分な時間を割けないこともあるようです。

ある採用担当者は、「今主流だから」という理由でダイレクトリクルーティングに飛びついたものの、忙しくてスカウトができないと嘆いていました。本来、自社でスカウトできるというのが最大のメリットなのですが、結局は手が回らず、スカウト代行を頼んだそうです。

人事部がこのような状況なのであれば、無理をしてダイレクトリクルーティングを使うよりも従来の求人広告媒体を使うほうが効率的かもしれませんし、外部の専門家に一任する前提で採用計画を練るのも一案かもしれません。臨機応変に戦略を考えることが成功につながるはずです。まずはグランドデザインをしっかりと描き、そこを軸にして、使うべき手法を厳選していきましょう。

「採用」とは「営業」であり「マーケティング」である

ここまで見てきた内容とは少し趣が異なりますが、最後に大切な観点をお伝えします。

以前あったケースなのですが、グランドデザインを整えて、母集団形成自体は成功したものの、最終的に採用ゼロという残念な結果に終わりました。理由はいくつかありますが、書類選考にこだわりすぎて応募者と接点をつくるのが遅くなり、他社に流れてしまったのが原因と考えられます。

今も昔も採用とは営業であり、マーケティングの要素が不可欠だと私は考えています。

特にこれからは売り手市場が加速するため、「自ら採りにいく」、「先手を打つ」という姿勢がとても重要です。時には「口説く」ことも必要です。少しでもいい人材に出会うべく、まずはできるだけ速やかに面接や説明会へ誘導してあげてください。こうした攻めの姿勢もまた、人事・採用担当者に求められる要素の１つであるとご理解ください。

◆成功事例③◆「オファーボックス」の賢い使い方（技術系アウトソーシング企業の例）

こちらも64ページの事例と同じく、技術系アウトソーシング企業のお話です。

この会社では、新卒を60人ほど採用することを目標にしていました。手法として使ったのは、「マイナビ」への広告出稿とダイレクトリクルーティングサービスの「オファーボックス」によるスカウトの2つ。私の戦略は「採用活動の後半戦でオファーボックスを使う」でした。

ご存知の通り、政府・経済界が定めている就活ルールでは大学3年生の3月に会社説明会開始、6月に選考開始、そこから内々定を出し始めて、正式に内定を出せるのが10月1日です。しかしオファーボックスに関しては、この規定に従う必要がなく、2年生の3月から学生にコンタクトを取ることができるのですが、今回はあえて4年生の7月から10月という新卒採用としてはかなり遅い時期に活用することにしたのです。

というのも、大学で建築や土木を学んだ優秀な学生は、一般的に大手ゼネコンに正社員として入社することを目指します。彼らが続々と内々定を手にするのは3~6月。そこで大手ゼネコンに入れなかった就活生はなんとか内定を得ようと焦り始めて、7~9月頃に技術系アウトソーシング企業を視野に入れるようになります。この企業が狙ったのはこの時期に焦っている就活生でした。したがって、大手の採用が終わる時期をめがけてオファーボックスを使うことにしたのです。

逆に、このような技術系アウトソーシング企業が早めに内定を出してしまうと、就活生はここを滑り止めとして就活を続けて、大手のゼネコンに正社員採用された場合はこちらを辞退するという傾向があります。母集団はつくれたとしても辞退率が高くては、人事部の手間が増えるばかりで効率はよくありません。そのため早期に内定を出して囲い込むという戦略は選ばなかったのです。

結果的に、この企業では、マイナビ経由での採用が40人、オファーボックス経由ではオファー可能枠を最大限活用して、内定承諾は25人となりました。もちろん、業種によっては早い時期からスカウトを活用するほうがよいケースもあります。業界の特性や就活生の動きを見ながら、どのような採用手法を展開していくのかを厳選しなければなりません。今回は、後半戦にオファーボックスで〝1本釣り〟をする、という作戦が効を奏したケースとなりました。

この企業ではマイナビとオファーボックスの両方を使いましたが、どちらがいいとか、双方を使うべきとか、これらは業種や職種、企業の特徴にもよりますので一概にはいえません。今回オファーボックスだけで集まったセミナーエントリーは約４００名。仮に採用目標人数が20人であればそれだけで十分でした。しかし採用目標は60人だったため、マイナビと組み合わせる方法で正解でした。

結果が出た後は、マイナビ経由で採用した人、オファーボックス経由で採用した人、それぞれの採用単価を出してみてください。その数字から、翌年いかに採用単価を下げる努力ができるかを試行錯誤するのです。それが採用活動において「ＰＤＣＡを回していく」ということです。

<第4章まとめ>

- ❑ 多様化、複雑化している採用WEBマーケティング。どのツールもただ使えばいいというわけではなく、費用対効果の高い使い方をマスターすべき。

- ❑ 今や、「Indeed」にクローリングされなければ、採用マーケットでは戦えない。そして「Indeed」にクローリングされるためには、「Google」でヒットすることが大前提。
「Google」と「Indeed」の性質を理解し、ガイドラインや掲載ポリシーの変更は注視する。

- ❑ 企業側からターゲットとなる層に直接アプローチできるダイレクトリクルーティングは、新卒採用・中途採用ともに人気。メリットをしっかりと理解し、選択肢に加えておく。

- ❑ 採用手法が複雑化している現在だからこそ、オウンドメディアの整備は入念に行う必要がある。

第5章

母集団が集まる
求人広告原稿はこうしてつくる

1　求人広告原稿は「わかりやすさ」で勝負する

原稿のつくり方次第で応募率は大幅にアップする

求人広告媒体からアグリゲート型求人サイトに至るまで、新規の求人は常に更新されています。たとえば、２０２２年の「indeed」には、一社による複数ポジションでの応募や同一求人の更新も含めれば、毎月約３２０万件もの新規求人が掲載されていました。

こうした膨大な数に触れると、自社の求人広告が埋もれてしまうのではないかと、不安を覚える採用担当者も少なくないでしょう。しかし、恐れる必要はありません。

どれだけたくさんの求人案件が並んだとしても、広告原稿をしっかりとつくり込めば、求職者から閲覧される回数が増え、応募率が上がるというパフォーマンス向上が狙えます。

他方、つくり込みが甘ければ、原稿は本来の力を発揮することができません。

実際のところ、広告原稿を充実させたことで、応募率が50％以上アップした企業もありました。同じ掲載費用を支払って、同じ企画、同じサイズの広告を出稿したとしても、原稿のつくり方次第で応募率に大きな差がついてしまうということは、ぜひ念頭に置いておいてください。

では、「つくり込まれた広告原稿」とはどのような広告原稿を指すのでしょうか？

みなさんが作成すべき原稿がどのようなものかを、詳しく見ていくことにしましょう。

求人広告原稿をつくり込む際のポイント

何より大切なのは、求職者が知りたいと思っている次のような情報がシンプルに、読みやすく、具体的に書かれていることです。

- 具体的な仕事内容
- 給与
- 勤務地
- 待遇・福利厚生
- 求める人物像
- 先輩社員の情報（どんな人と働くのか）
- 事業内容・理念
- 企業の特徴・強み（ブランディング要素）

ここにぜひ、求職者の「ここで働いてみたい」という気持ちをかき立てる要素を加えてください。条件が羅列されているだけで、ＰＲの要素が入っていない「ただの求人票」になってはＮＧです。

採用活動をはじめるときに棚卸しを行った自社の魅力など（第3章の3参照）、ブランディングの要素もしっかりと入れ込んでください。さらに、この会社でなら「成長できる→経験を活かせる

↓スキルアップできる↓収入アップも狙える」など、採用ターゲットに刺さる構成、ストーリー展開を考えることも大切です。

広告デザインや原稿の内容は、採用のグランドデザインによって大きく変わります。どのくらいの経験値を持った人材に、どのような業務内容で、どのような活躍をしてほしいのか。育成のための研修はどの程度用意しているのか。

広告制作に着手する前に、この点を採用担当者と広告媒体社・広告代理店の営業担当者や制作デザイナーの間で共有することが必要不可欠です。着手する前の時点でしっかりと意思の統一を図っておかなければ、グランドデザインからかけ離れた広告原稿ができあがってしまうからです。

第4章の2でもお伝えした通り、アグリゲート型求人サイトである「indeed」や「Google しごと検索」は、WEB上のあらゆる求人情報を読み込みます。特定の項目に書かれたワードではなく、求人情報のテキスト全体が検索キーワードとして読み込まれているようなイメージです。昨今は「indeed」や「Google しごと検索」にクローリングされなければ、母集団形成には大きなマイナスとなってしまいます。検索キーワードも意識して、訴求力のある広告原稿をつくり込みましょう。

また、広告原稿を制作する際に忘れてはならないのがホームページ（オウンドメディア）の内容も併せて充実させることです。

第4章の3でもお伝えしましたが、広告原稿だけを見て応募する求職者は決して多くありません。企業に興味・関心を持った場合、ほとんどの求職者はホームページや口コミサイトなどを見てから応募を検討します。そのとき、広告原稿とホームページの間に整合性がなかったり、広告原稿には感じられた熱量の高さが感じられなかったりすると、求職者をトーンダウンさせてしまいます。ホームページは応募を後押ししてくれるツールだと思って、広告原稿との相関関係を意識しながら内容を精査してみてください。

広告は「パッと見」が重要

求人広告の世界は「パッと見」、つまり第一印象が勝負です。

商談などでもよくいわれる「人は見た目が９割」や「最初の90秒で心をつかむ」などといった理論と本質は同じです。広告原稿をきちんと読んでもらえなければ、何が起こるでしょうか？

応募率が下がるというだけではありません。業務内容や待遇などについて、曖昧な理解のままで応募する求職者が出てきてしまいます。いうまでもなく、そうした応募者は選考段階で離脱したり、採用後に早期離職したりしてしまいます。

このような非効率的な採用を避けるためにも、あらゆる人にとって「パッと見」でわかりやすい、ポイントを押さえた広告原稿をつくることはマストなのです。

パッと見た段階で「この広告原稿を読みたい」と思ってもらうには、「ダラダラとした長文を書かないこと」が大きなポイント。重要な点がコンパクトにまとまっていれば、どこに注意して読めばいいのかがよくわかります。次の点を意識するだけでも大きく変わります（図表25参照）。

【図表 25 「パッと見」のわかりやすさを意識した原稿の書き方例】

【具体的な仕事内容】よい例

建設プロジェクトにおける進行管理・サポート業務をお任せします。

【具体的な仕事内容】
・建物の写真撮影や写真データの整理
・基本的な書類の作成やファイリング
・スタッフの安全確認やスケジュール調整
・協力会社との打ち合わせ同行など

簡単な業務から挑戦し、ゆっくり成長していきましょう。
１対１で先輩社員が指導しますので、ご安心ください。

【具体的な仕事内容】悪い例

内勤では基本的な書類の作成やファイリングを行い、現場では建物の写真撮影や写真データの整理などの業務をお任せします。また、ゼネコンと協力会社とのスケジュール管理からスタッフの安全確認などを中心に、工事をスムーズに進められるよう全体を俯瞰して対応できる方をお待ちしております。１対１で先輩社員が指導しますので、まずは簡単な業務から挑戦し、ゆっくり成長していきましょう。

・箇条書きを中心にすること。
・強調したい点は【　　】に入れて「小見出し（項目名）」とし、詳細はその下に書くなどの工夫をすること。

2　応募率を上げるポイントはここ！

「未経験者募集」は、とにかくハードルを下げて

売り手市場の過熱によって、かなりの企業が未経験者採用を加速させています。

その背景には、経験者の絶対数が少ないために、本音としては経験者を採りたい会社も未経験者採用に向かわざるを得ないという状況があります。特にサービス系（飲食・コールセンター・美容エステ・販売）、派遣系（建設・製造・ＩＴ・機電）、営業系などにその傾向が顕著だといえます。

未経験者の獲得競争が激化している現状において、少しでも応募率を上げたいと考えるならば、「よりわかりやすく」、「よりハードルを低く」をポイントに、原稿を見直すことがマストです。

大切なのは、未経験の求職者に少しでもメリットを感じてもらえるよう、事実をベースとしつつ、適切な表現で「盛る」こと。そして、「未経験の自分でもできそう」、「難しい仕事ではなさそう」とハードルの低さを感じてもらうことで、応募から面接へこぎつけることです。

ただ、表記方法ばかりに気を取られてしまうと、適切なワード選びがおろそかになります。何も

知らない未経験者にとって、どのワードが刺さるのかを徹底的に考えて選定してください。

ポイントは次の通りです。

・専門用語はできるだけ少なくする（使う場合は補足を入れる）
・仕事内容でハードルの高さを感じさせない（仕事のやりがいを伝える）
・就業メリットを簡潔にまとめる（できるだけ箇条書きで読みやすく）
・ポジティブな将来像をイメージさせる（収入がアップする、手に職がつく、資格が取得できる、業界に将来性がある、など）
・写真やフリーデザインのクオリティを高める（無理に社員の写真を使う必要はない。イメージのよい写真がない場合は、フリー素材を使ってカッコよく仕上げるほうがベター）

中でも、専門用語の使い方には注意が必要です。

「自分たちにとっては常識だから」と専門用語ばかり並べてしまうと、未経験者から見たときにまったく理解できない原稿ができあがってしまいます。「入社してもついていけないだろう」というハードルの高さを感じさせてしまうと、応募率に大きく影響しかねません。

未経験者向けに原稿のテコ入れをするときには、必ず専門用語をチェックしてください。

次にいくつか例をあげました。

・ＣＡＤ（キャド）
マンションや戸建て住宅の間取り図などが簡単に描ける簡易図面作成ソフトです。あらかじめテンプレートが用意されているなど、初心者でも直感的に扱えるのが魅力といえます。ＣＡＤのスキルは将来的に、建築士や設計士へのキャリアアップにも役立ちます。

読み方も含め、内容を理解しやすく補足してあげるとＧＯＯＤ！
ここでは建築業界を前提に説明しましたが、土木・自動車・半導体・服飾などＣＡＤは多業種で活用されているので、状況に応じて補足をしてください。

・Python（パイソン）
高い将来性がある人工知能（ＡＩ）やＩｏＴなどの分野において、幅広く使われるようになったプログラミング言語です。
YouTubeやInstagramなどでも活用されており、初心者が学びやすい点も魅力です。Pythonを習得することで、あなたの市場価値は大幅にアップします。今後の経験・キャリア次第で、確実に年収は高まります。

Pythonの習得が、求職者のキャリアに大きなメリットがあることも合わせて説明するとＧＯＯＤ！

「給与」の表記にはコツがある

中途採用の中でも、特に経験を積んでいる求職者や有資格者の場合には、競合他社と給与を比較してから応募先を決めるものです。給与の表記の仕方が応募率を左右することもありますので、こはぜひ熟考してください。

競合他社の給与を調べてみて、自社の給与基準が明らかに劣る場合は、経験・スキル・資格等に応じてフレキシブルに対応されることをおすすめします。すでに在籍している社員との兼ね合いを考えると簡単なことではないと思いますが、今の時代、経験者採用は甘くありません。

給与額がフレキシブルな場合、ちょっとした表記上のコツがあります。

それは、提示額に下限から上限までの幅を持たせることです。

見せ方1つで、訴求力はかなりアップします。信じられないという方もいるかもしれませんが、経験的には明らかに事実です。

たとえば、このようなイメージで記載をしていくわけです。

【月給】26万円～47万円＋賞与年2回 【年俸制】３６０万円～７００万円

あるとき、採用担当者が作成した求人原稿の叩き台に「給与22万円～」と書かれていたので、「こ

れは未経験者の場合ですよね？　経験者にはどれくらい出しているんですか？」と聞くと、「50万円～60万円ですね」とのことでした。

それなら、最初から「22万円～60万円」と表記すべきです。特に経験者を採用したい場合、「22万円～」だけでは昇給している自分の姿がイメージできず、夢も希望も持ってもらえません。

しかし、意外なことに、このような点を意識している採用担当者や営業担当者は少ないようです。

さらにいえば、在籍している社員の年齢、ポジションごとの月収・年収例も、できる限り記載するほうが望ましいといえます。金額的に高めの事例も混ぜてください。

また、金額にもよりますが、1年目の月収例・平均月収例などの記載も効果的です。入社後の自分の姿をイメージしやすくなるため、応募を迷っている求職者の背中を押すことにもつながるからです。大切なのは具体的かつ明確なイメージなのです。イメージが変われば応募者の態度も確実に変化します。その点をぜひ、ここでご理解いただきたいと思います。

少し大げさに映るかもしれませんが、次の例のように「配偶者や子どもの人数」を書くことで、「この企業に入れば安心して子育てができる」という雰囲気を演出することもできます。

【年収例】411万円／25歳・プログラマー／月給27万円＋賞与
【年収例】571万円／30歳・グループリーダー（配偶者＋子供1名）／月給40万円＋賞与
【年収例】942万円／48歳・ゼネラルマネージャー（配偶者＋子供2名）／月給65万円＋賞与

【図表 26　給与の表記事例】

給与表記事例：アミューズメント系A社の場合

【月給】
月給 28 万円 ～ 47 万円＋賞与
※固定残業代：3 万 6000 円以上 / 23.5 時間含
※超過分は別途支給
※年齢・経験・スキルを考慮し決定

＜未経験入社 1 年目の月収例＞
月収 32 万 6000 円（月給 28 万円＋賞与）

＜年収例＞
500 万円 / 28 歳 / 入社 5 年目・ホールマネージャー職
（月給 39 万＋賞与）
680 万円 / 29 歳 / 入社 9 年目・副店長職（月給 48 万＋賞与）
880 万円 / 32 歳 / 入社 8 年目・店長職（月給 55 万＋賞与）
1100 万円 / 36 歳 / 入社 12 年目・店長職（月給 82 万＋賞与）

演出という罪悪感を覚える方もいらっしゃるかもしれません。

しかし、伝えている内容が事実である限り、その事実をどう伝えるかを工夫するのは、ある意味当然のこととといえます。

安心して、自信を持って、魅せていくことを考えましょう。

3　検索結果一覧画面はつくり込みが必要

検索結果一覧画面を制するものは採用を制す

広告の世界は、「パッと見」、「第一印象」が勝負だとお伝えしました。

特に「ｄｏｄａ」や「リクナビＮＥＸＴ」など既存の求人広告媒体では検索結果一覧画面のつくり込みが非常に重要です。

検索結果一覧画面に表示される要素は、ほとんどの求人広告媒体において共通しています。

写真とキャッチコピーを組みあわせたＰＲ画像に加えて、「会社名」「職種名」「仕事内容」「対象となる方（応募資格）」「勤務地」「最寄駅」「給与」「事業概要」など。勤務条件や特徴のアイコンもここに表示されます（図表29参照）。

検索結果一覧画面をパッと見てクリックしようと思うか否かは、第一印象に大きく左右されます。

そして大切なのは、確実にその先をクリックしてもらうことです。熟考せずに制作してしまうと、間違いなく機会を損失してしまうでしょう。

「検索結果一覧画面を制するものは採用を制す」といっても決して過言ではありません。

では、膨大な数の求人広告が並ぶ検索結果一覧画面で確実に求職者にクリックしてもらうには、どうしたらいいのでしょうか？

これは、業界の特色や企業の個性にもよるため、一言でお伝えできる「正解」はありません。まずは競合他社の検索結果一覧画面をよく見て、長所や短所をもれなく洗い出してみてください。ずらりと並んだ状態でざっと流して見ていくと、どんなデザインが目にとまりやすいのかが自然とわかってきます。

あるいは、自社の過去の求人広告で、応募率が高かったものを参考にするのもよいかと思います。

1つ効果的なのは、検索結果一覧に表示される画面と、クリックした先の詳細画面のデザインのテイストを揃えることです。求人広告媒体には、詳細画面に縦長のPR画面がセットになっている企画・サイズがあります。その場合は、このPR画面がもっとも訴求力を発揮することになるため、検索結果一覧画面からの導線づくりが肝になるのです。

PR画像デザイン時の3つのポイント

PR画像のデザインについては、詳細画面をどうするか、そこへの導線をどうするか、じっくり話し合うことからはじめましょう。私の場合は詳細画面の方向性やワイヤーフレーム、PR画像のデザイン案をつくって、採用担当者と打ち合わせを重ねています。気を付けるべきポイントは次の３つです。

必ず詳細画面とセットで検討することをおすすめします。

ポイント①／ＰＲ画像にはどのような写真を使うのか？

メインターゲットの性別や年齢層、経験者募集なのか未経験者ＯＫなのか、などを念頭に置いてターゲットに刺さる写真を選びます。無理に社員の写真を使う必要はありません。キャッチコピーやデザインを入れやすいフリー素材から選んでもいいでしょう。クオリティ優先がベターです。

ポイント②／ＰＲ画像にどのようなキャッチコピーを乗せるのか？

写真とキャッチコピーを組みあわせてデザインします。キャッチコピーのつくり方は第３章の３をご参照ください。

ポイント③／訴求ポイントをどのような形で、どこに掲載するのか？

「ナンバーワン」を取得している会社であれば、画像上にロゴを配置するのも効果的です。「給与や待遇が飛び抜けてよい」などの大きな強みがある場合には、キャッチコピーと合わせて画像の上に乗せてしまうのもアリです。ただし、小さな文字で長々と書くのはＮＧです。

ＰＣとスマホでは見え方が違う

検索結果一覧画面は、ＰＣのモニターで見るのか、スマホの画面で見るのかによって表示される

【図表 27　検索結果一覧画面の PR 画像 よい例と悪い例】

よい例

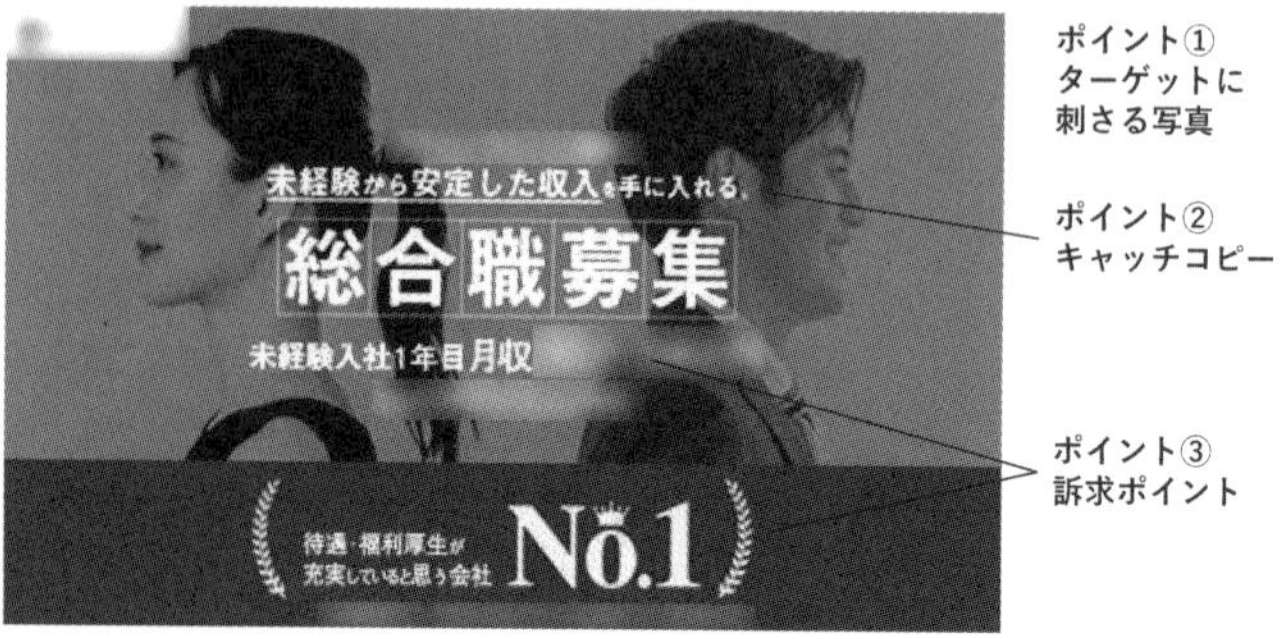

悪い例

部分が異なります。仕様は求人広告媒体によって違いますが、ＰＣ用とスマホ用で別々にデザインするのではなく、ＰＣ用にデザインしたものがスマホ用に変換されることがほとんどです。

広告原稿の制作過程において、スマホではどのように見えるのか、プレビューを確認することも忘れないようにしましょう。

「ＰＣでは全文を読めたものが、スマホだと最初の数行しか表示されない」などといったことも起こります。その場合は必ず表示させたいことを最初の数行に収めるなどの調整が必要です。

4　絶対に避けたい２つのミス

「職種名」を書く際に死守すべきことは

ここからは、原稿作成時に絶対に避けたいミスについて見ていきます。

求人広告媒体であれ、アグリゲート型求人サイトであれ、ダイレクトリクルーティングであれ、あらゆる求人広告には必ず「職種名」がはいります。「営業」、「システムエンジニア」、「施工管理」など、仕事内容ごとに分類されたタイトルといったところでしょうか。

数年前までは、「マイナビ転職」や「ｄｏｄａ」といった既存の求人広告媒体では、職種名に続けて「未経験者歓迎」や「ゼロから学べる」など、その求人のＰＲとなるようなキーワードを記載してクリックを誘う手法がトレンドでした。

【図表 28　同じ広告原稿を PC で見た場合（左）とスマホで見た場合（右）】

ＰＣ画面

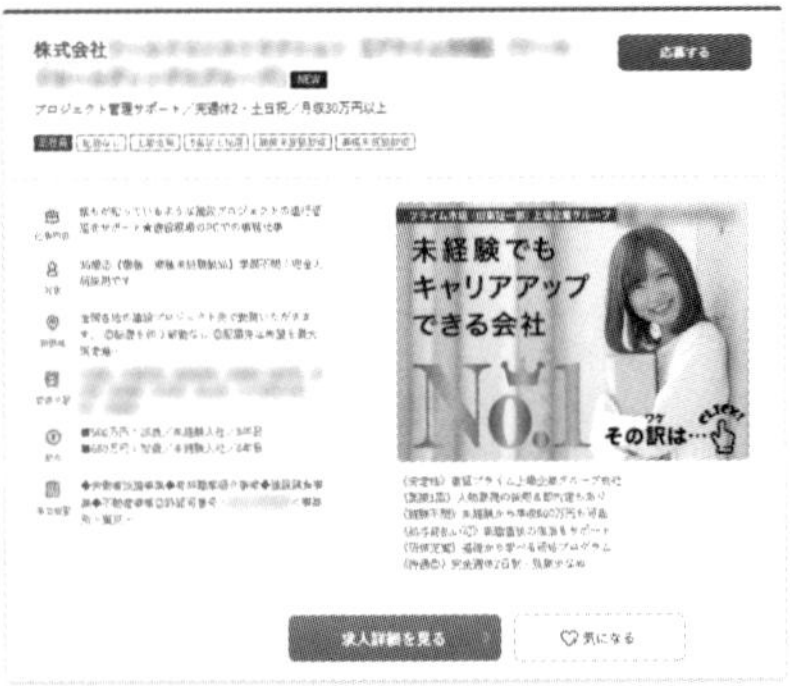

スマホ画面

しかし、近年、職種名はわかりやすく簡潔に記載することがよいとされています。なぜなら、「indeed」や「Google しごと検索」などのアグリゲート型求人サイトにおいては、職種名以外のＰＲワードが付随していると、クローリングされにくい仕様となったためです。

現在はさらに審査が厳しくなり、「indeed」では、職種名にそのようなキーワードをつけ加えると、直接投稿ではまず掲載されない、という状況になっています。

たとえば、次のような書き方は完全にＮＧです。

> 《未経験者積極的に採用中！》【エステティシャン】月給24万円＋各種手当
> ★入社祝い金最大10万円！　★○○店オープニング募集！

とはいえ、職種名以外は入れてはいけない、ということではありません。次のように職種の補足説明となるようなフレーズであればＯＫです。

> ・事務スタッフ（データ入力・経理業務・電話対応など）
> ・広報担当（ブランド認知・営業支援）
> ・看護師／美容クリニック（夜勤なし）

うっかり装飾的なフレーズを入れて、「indeed」や「Googleしごと検索」などの検索にまったくヒットしなくなるのは致命的ですが、求職者の理解を促す補足を入れないのはもったいない。ここはぜひ、注意深く文言を練りましょう。

中には、求人広告媒体掲載用の職種名と「indeed」や「Googleしごと検索」などアグリゲート型求人サイト用の職種名とを、別々に設定できる求人広告媒体もあるので、手法の違いをふまえて適切に使い分けるリテラシーも必要です。

なお、ここでは使用を避けた装飾的なPRワードはぜひとも、キャッチコピーや仕事内容の中に入れ込んでください。求人広告媒体ごとに異なる文字数制限がありますが、強調したいPRワードをうまく散りばめて訴求力を高めていきましょう。

第4章の2でもお伝えしてきましたが、私たちは「Google」や「indeed」に振りまわされている、というのが偽らざる現状です。

しかし、これらのサービスなくして効果的な採用活動はできないのだと、ここはしっかりと腹を決めておかなければなりません。

現状をしっかりと理解して、この2社だけでなく、これらに影響を受ける求人広告媒体の「ガイドライン」や「掲載ポリシー」に変更がないかどうかなど、常に最新の状況をウォッチしておくことが求められています。

変化の激しい時代だからこそ、流れに乗る柔軟性を日頃から発揮していきましょう。

検索コード設定でのミスは致命的

ほとんどの求人広告媒体は、求職者が求人情報を探しやすいように検索結果画面をわかりやすく表示する工夫をしています。１つの例ですが、その企業の勤務条件などが会社名の下にアイコンで表示されていることにみなさんはお気づきでしょうか？

基本的な条件としては「業種」「職種」「勤務地」「雇用形態」などがあります。

それ以外にも、求職者がこだわる条件として「未経験歓迎」、「完全週休２日制」、「時短勤務可」、「転勤なし」などがあります。

いずれの条件も、「職種コード」「勤務地コード」といった検索コード一覧から、該当するコードを確認し、正しく設定する必要があります。

このコードを正しく選択することは、非常に重要です。

たとえばこれは極端な例ですが、あなたの会社が正社員を募集しているとして、「雇用形態コード」のほうで「正社員」を選択し忘れていると、正社員として働きたい求職者には届きません。

そのような求職者の検索結果一覧画面には、当然のことではありますが、「正社員」というコードを選択された求人だけが表示されるわけです。どんなに検索しても、あなたの会社の求人は絶対に表示されることがありません。

つまり、あなたの会社にとっては致命的とも呼ぶべき事態なわけです。

しかし、この種のミスは、実際のところ少なくありません。

【図表 29　検索コードと検索結果画面の例（doda)】

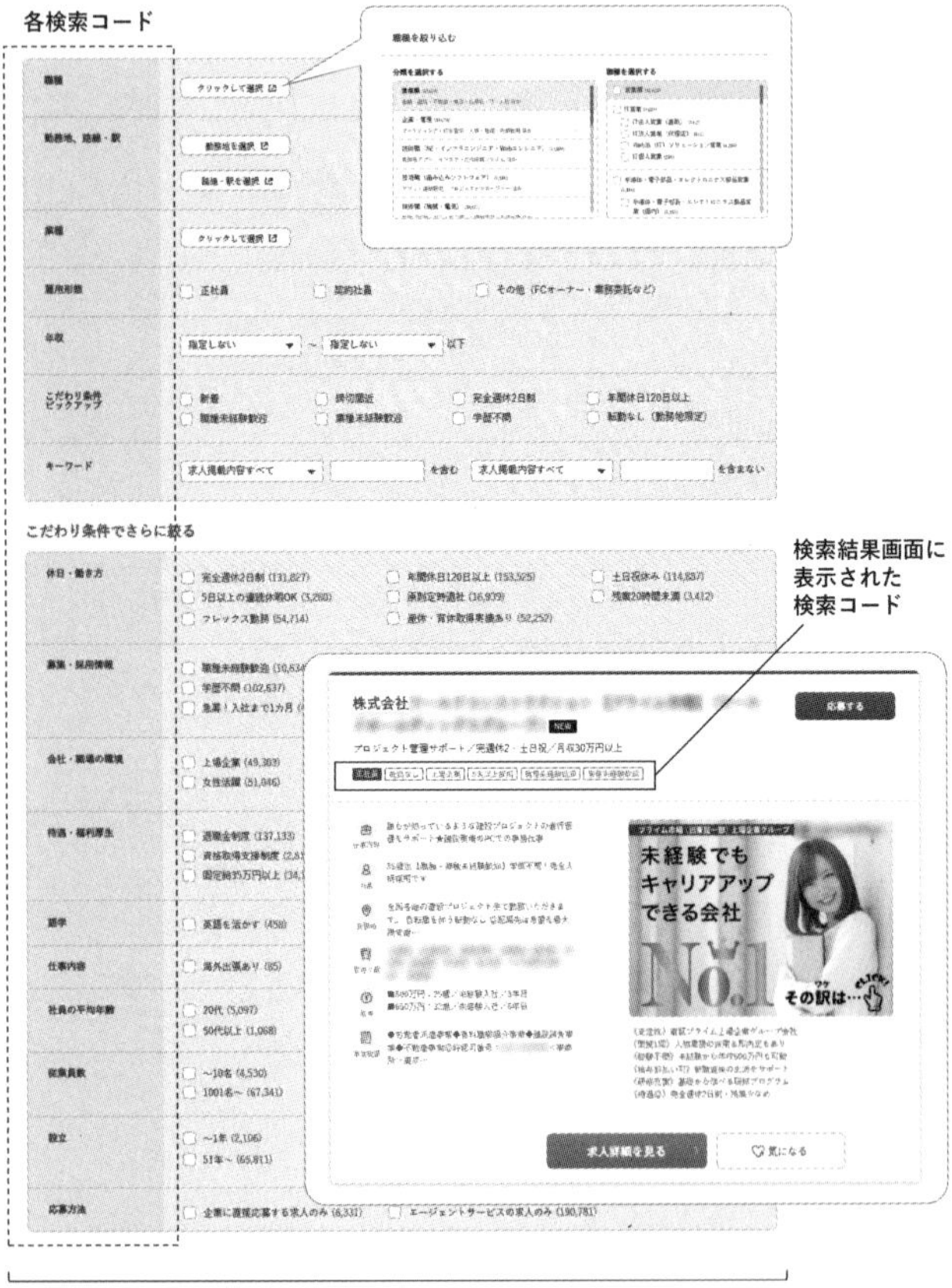

求人検索画面（希望条件でセグメントし、求人検索を行える）

※求人広告媒体により、設定できる検索コードは異なります。

例としては、まったく違うコードを選んでしまっているケース、２つ選択できるにもかかわらず１つしか選択していないケースなどがあります。

間違ったまま入稿すると、訂正依頼がくる場合もありますが、２つ選択できるところを１つしか選択していないケースでは、まず指摘されずにそのまま掲載されてしまいます。そのような事例にこれまでいくつも出会ってきました。

みなさんはこうしたミスのなきよう、最新の注意を払ってください。

ともするとコードの設定は地味な作業であり、間違ったときのダメージが大きいもの。だからこそ見落とさないよう、入念なチェックを怠ってはいけません。ダブルチェックなどで漏れのない選択を実践してください。

◆成功事例④◆魅力の見せ方を変えて、理系学生へ訴求（自動車部品開発企業の例）

ここでは、大手自動車メーカーの部品を開発・製造している企業の例をご紹介します。

この企業はこれまでエントリー数が少ないことで悩んでいたのですが、今回、徹底的に自社の魅力を棚卸しして、求人広告上での見せ方を変えることに取り組みました。

それだけで何と理系学生のエントリー数が前年対比１３０％以上増えました。

利用した求人広告媒体も募集条件も、まったく変えていないのに、見せ方次第でエントリー数が変わるという典型例です。

とはいえ、もちろん秘訣はあります。

以前の広告原稿では、この企業単独での売上高や従業員数を掲載していたのですが、今回は子会社・関連会社のグループ連結での数字を掲載することで規模感を演出しました。

メインのキャッチコピーは次の通りです。

「大手自動車メーカー○○を支える最先端の自動車部品メーカー！　子育てサポート企業認定取得（厚生労働省）」

誰もが知る企業名や、「最先端」、「厚労省」というワードが目を惹きます。

写真も東京モーターショーの画像や、この企業が手がける未来の自動車部品のイメージ図など、スケールを感じさせるものを入念にセレクトしました。

さらに新しいキャッチコピーとして「世界トップメーカーへ成長！　最先端の技術とキャリアが身につく会社！」というフレーズも準備しました。

このフレーズもまた、就活生が自らの成長を期待できるものといえます。

その下に企業ＰＲの欄があり、１０００文字のテキストが入ります。この部分をダラダラとした長文で書く企業が多いのですが、小項目を【　　】に入れて2つに分け、読みやすくしました。

文章自体もさらっと読めるように改行をしっかり入れて、箇条書きに近いイメージにしています。

【図表30　見せ方を刷新して成功した広告原稿の例（自動車部品開発企業）】

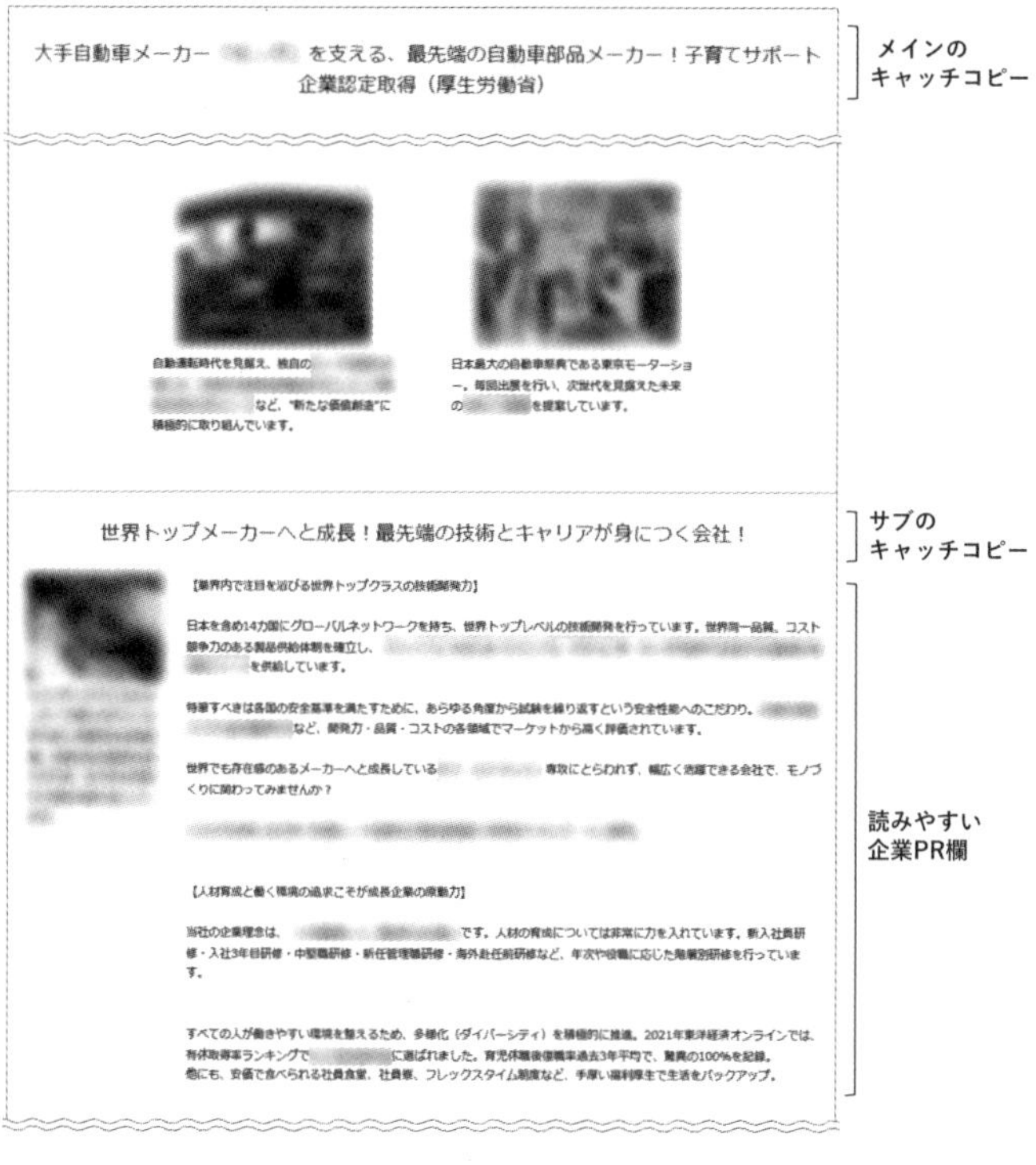

さらには、検索コード設定の見直しもかなり影響したかと思います。業種コード、職種コード、特徴コードなどかなりもったいない抜け・漏れがあったので、その点もすべて調整しました。

1つひとつは細かなことですが、おろそかにすることなく丁寧に仕上げることで、ここまで応募率が変わってくる、と企業側も驚く結果となりました。

◆成功事例⑤◆徹底した「ハードルの低さ」で訴求（技術系アウトソーシング企業）

こちらは、建設業界の技術系アウトソーシング企業の例です。

広告原稿をつくる際に意識したのは、面倒見のよさや安心・安定感で訴求するという点です。というのも、採用現場の実情を伺うと、この業界にエントリーする就活生は大手企業の選考に落ちた学生が多く、それが理由で自分に対する自信を失っていたり、もともと性格が受け身であったりする傾向が強いことが確認できました。

会社としては、「どのような学生であっても、基本的なコミュニケーション能力さえ身についていれば採用して、しっかりと育成していきたい」というスタンスでした。

このスタンスを、ぜひとも伝える必要があるわけです。

そこで私は、「ハードルを低く」というコンセプトを設定し、それが就活生にしっかり届くような広告原稿にすべきだと考えました。

まずはメインのキャッチコピーです。

「業界ランキング3部門で1位！」

「建設・人材・不動産3大業界が1社で経験できるから面白い！」

「東証プライム上場○○グループとして安定成長中！」

事例④と同様に、規模感・安定感をしっかり伝えました。

さらに、「ボーナス年2回」、「1年目の平均月収26万円」といった、この企業ならではの待遇のよさも、デザインの中にしっかり入れ込んで訴求しています。

加えて、「ハードルを低く」という点では、画像の中のキャッチコピー「教えてくれる！　何でも聞ける！」というフレーズが該当します。

サブとして、「ゼロから学べる会社！」というキャッチフレーズも入れました。

また、例年の新入社員が和気あいあいとしている写真を多めに入れて、「仲間がたくさんいるから大丈夫」という安心感も演出しています。

写真の下は「安定・安心の就業環境」というキャッチフレーズ。

これは私の経験上、非常に訴求力が高い言葉です。こうした言葉を効果的に用いることが、広告の魅力を非常に高めてくれるわけです。

それだけでなくナンバーワン訴求もしっかりと入れ込みました。

それに続くテキスト部分は、長文を読むことが苦手な人達にもしっかりと伝わるように、改行を多用してわかりやすくしました。

この企業はホームページをリニューアルしたり、Instagramにも力を入れたりしていたことから、広告原稿の頭の部分だけでなく、テキストの文末にもURLを入れ込むといった工夫をしています。このような導線をつくってホームページに導くことも非常に効果的です。

実は、今回は求人広告制作だけでなく、ホームページ制作にも携わらせていただきました。その中の採用情報ページを開くと、「文系も若手も関係なし。成長の機会は無限にある」というキャッチコピーが最初に出てきます。

これは広告原稿とホームページとの間で、「ハードルを低く」というコンセプトを統一させる役割を果たしています。

「カッコよければそれでいい」。

グランドデザインを考慮することなく、そんな気持ちでつくった広告原稿は、長期的に見たときうまく機能しない可能性が高いといえます。

広告原稿だけを切り離すのではなく、採用担当者からグランドデザインのコンセプトをしっかりヒアリングした上で、入り口をつくっていくことが重要なのです。

この広告原稿はその好例となりました。

【図表 31　グランドデザインが機能した広告原稿の例（技術系アウトソーシング企業）】

業界ランキング3部門で第1位！「建設・人材・不動産」3大業界が1社で経験できるから面白い！東証プライム上場　のグループ会社として安定成長中！

メインのキャッチコピー
教えてくれる！なんでも聞ける！

ゼロから学べる会社！だから文系・理系不問！

さらにボーナス年２回で退職金制度も完備！

入社1年目の平均月収は26万円！

CLICK!!

東証プライム上場企業のグループ会社だから安定・安心の就業環境も魅力
サブのキャッチコピー
★20代・30代の社会人から3部門で第1位に選ばれました！
【1】未経験でもキャリアアップできる会社　第1位
【2】社員の意見を大切にしてくれる会社　第1位
【3】本音で面接ができる会社　第1位
ナンバーワン訴求
■東証プライム上場　のグループ中核企業
私たちは「人材・教育ビジネス」「不動産ビジネス」「情報通信ビジネス」の3つの事業を柱として「人が活きるカタチ」を追求し人と人とのつながりである"絆"を広げてきました。

＜第5章まとめ＞

- ❑ 応募率は広告原稿のわかりやすさに左右される。
  重要なのは、求職者（採用ターゲット）に伝えるべき情報がシンプルに、読みやすく、かつ具体的に書かれていること。

- ❑ 未経験者には「ハードルの高さを感じさせないこと」、経験者には「給与表記を工夫すること」が必須。

- ❑ 検索結果一覧画面の第一印象は何より重要。
  写真（動画）やキャッチコピーをふまえて訴求力のあるデザインへ。
  PCとスマホでの見え方がどう違うのかも忘れずにチェック。

- ❑ 職種名の書き方、検索コードの設定でのミスは何より致命的。
  求人メディアの仕様をきちんと確認する必要がある。

第6章　母集団形成を成功させるグランドデザイン
6つの心得

大切なのはグランドデザイン

ここまで採用支援サービスの特徴や、効果的な広告原稿制作のためのテクニックなどを具体的にお伝えしてきましたが、第2章の3でもお伝えした通り、「グランドデザイン」なくして、理想的な母集団形成は叶いません。

特定の求人広告媒体に詳しくなっても、また採用支援サービスを使いこなせるようになっても、残念ながら採用のトレンドは移り変わりますし、今後も新たなサービスが台頭してくるでしょう。表面だけを追いかけていると、いたちごっこのような状況に陥って疲弊するばかり。

より一層多様化・複雑化していく採用マーケットのなかで、母集団形成を成功させるために何より重要であり、最優先に着手すべきは「グランドデザインを描く」ことです。

本書のまとめとして、グランドデザインの描き方を6つの心得として記載します。

最後の確認の意味も含めて、それぞれの内容をご自身のものとしていただき、明日からの実務へと役立てていただければ幸いです。

心得1／求職者心理を理解する

採用活動は求職者に企業の存在を認知してもらうことにはじまり、大きく5つのステップを経て採用決定に至ります（41～43ページ）。

採用担当者は「よい人材を選んでやろう」という目線に立ってしまいがちですが、重要なのは求職者心理がステップごとにどのように変化していくのかを予測することです。特に、選考からの離脱や内定辞退につながるようなマイナス要素は事前に取り除いていかなければなりません。

たとえば、求人広告から情報収集をしている段階では、雇用形態や待遇など最低限の情報ですらきちんと表記されていなかったり、職種名やキャッチコピーと仕事内容にズレがあったりすると、当然ながら求職者には不信感が生じて、応募をためらってしまうでしょう。

面接官の態度に不愉快な点があったり、面接後の採否の連絡が遅かったりすれば、入社の意欲が削がれて、他社に流れてしまう恐れも十分にあり得ます。

それぞれの段階で求職者が何を求め、それが満たされないときにどのような感情を抱くのかを事前に把握しておくことは、採用活動全体において欠かせないことです。

このようなコミュニケーションは、単に選考過程からの離脱を防ぐためだけではありません。44ページでもお伝えした通り、採用のゴールは入社ではなく「定着」です。採用活動を通して、求職者心理を理解し、信頼に足るコミュニケーションをしっかりと図ることは、結果的に会社へのエンゲージメントを高め、入社後の定着へとつながっていくのです。

特に、求職者と直接コミュニケーションを取る面接官の役割は重要です。

しっかりと求職者の気持ちをつかんだ上で、自分の言葉で仕事の魅力を伝えたり、または不安をキャッチして払拭したりするなど、細やかなコミュニケーションが求められます。

心得2／採用したい人材像＝ゴールを設定し、社内で共有する

採用活動の出発点は、求める人物像、つまり採用ターゲットを、経営者、現場、採用担当者などあらゆるメンバーですりあわせることです。

ターゲットを具体的かつ明確に絞り込むことなく、漠然とした「ハイスペック人材」など理想ばかりを追ってしまうと、本当に必要な人材が採用できる可能性は低くなってしまいます。

自社の業務に個々のスペックが必要である、もしくはマッチする。その根拠が明確でなければ、適切な採用ブランディングを実践することはできません。

つまり、納得のいく母集団は形成できないということです。

また、あらゆる商品・サービスの宣伝についても同じことがいえますが、ターゲットを具体的に絞り込めていなければ、情報を発信するための最適な媒体が見当たらなかったり、訴求ポイントにバラつきが出てしまったりして、結果的には誰にも届かない広告ができあがってしまいます。

さらにいえば、ターゲットが明確になっていなければ、面接も面接官の個人的な好みやその場のフィーリングに左右されてしまい、行き当たりばったりなものになりかねません。

だからこそ、採用ターゲットを決める際には、「〇〇のスペックを持っている人」という要件を、しっかりと決めておかなければなりません。同時に「このような人は採用しない」という不採用の

要件を決めておく必要もあります。

とはいえ、現在のような売り手市場において双方の要件があまりに厳しすぎると、採用が困難を極めることが予想されます。そうした事態を避けるには、「このあたりまでは要件を緩めてもＯＫ」というラインを決めておいたほうがよい場合もあります。

ぜひ、そのあたりもふまえた上で、「ペルソナ」を社内で共有しておいてください。

ターゲットをここまでしっかり固めておくことで、最適な訴求ポイントを設計した上で広報活動を展開することができるのです。

心得３／自社の魅力、強み、アピールポイントの明確化

質の高い母集団を形成するためには、多くの求職者から「あの企業で働きたい」と思ってもらう必要があります。そのためには、自社の魅力を徹底的に棚卸ししてみる必要があります。これが、自社のブランディングへとつながっていくのです。

具体的には、企業の理念やビジョン、商品やサービスの魅力、事業の優位性、独自のカルチャー、キャリアパス、社内制度、待遇や福利厚生などでしょうか。

日頃、当たり前のように利用している制度だと、実はそれが求職者向けにアピールできるものだということに気づいていない、もしくは忘れていることもあります。

ぜひ、1つひとつ、しっかりと書き出してみてください。
時々「他社と差別化できるような制度や待遇は何もない」と口にする採用担当者に出会います。しかし、ないと思ったときにすべきことは2つあります。

1つは、特筆すべき点のない制度であっても、特徴が際立つようにネーミングしてしまうこと。たとえば、それまでの休暇制度に「コロナ対応休暇制度」とネーミングすることで、注目を集めた企業もありました。これも効果的な工夫であることに間違いありません。

そして、もう1つは、この機会に社内制度を整えること。労働環境の改善が既存社員の離職防止につながれば、そもそも新規採用をする必要がないというケースもあるかもしれません。

魅力の棚卸しができたら、いかにアピールするのかを考えます。

おすすめは、第三者機関からの評価という形でアピールする「称号マーケティング」です。特に、自社のアピールポイントを、競合他社と比較するアンケート調査をリサーチ専門機関に依頼して、「ナンバーワン」のロゴマークを取得する手法は好評です。

他にも、著名人や専門家からのコメントを広告に掲載したり、口コミサイトへの書き込みを充実させたりするなど、棚卸しした自社の魅力は効果的にアピールしてください。

アピールポイントがある企業とない企業、先に興味を持たれるのはどちらでしょうか。仮にみなさん自身が求職者の立場にあったとしたらどのように思うでしょうか。そうした視点も大切にしていただきながら、自社の魅力をしっかりとアピールしてください。

心得4／求職者にリーチするための広報戦略を立てる

採用ターゲットを具体化し、そのターゲットに自社を就職・転職先として選んでもらえるように訴求していくための「採用広報」。売り手市場が続き、職種や業種によっては、「これまでのようにただ求人広告を出して、応募を待っているだけ」という受け身の姿勢では、母集団形成は困難になりつつあります。

積極的かつ戦略的な採用広報の実施こそが、困難を切り開く大きな武器となるのです。

採用広報のメリットの1つは、受け身の採用活動とは違い、欲しい人材に向けてピンポイントで訴求できること。そのためには、数々の求人広告媒体・採用支援サービスのなかからターゲットが情報収集に使っている媒体をしっかりと見極めること。その上で、確実に届くようにメッセージを投げかけていきましょう。

もう1つ、オウンドメディアなどを通して企業のビジョンや先輩社員の声などを伝えることで、自社に深く共感する求職者を集められる点も大きなメリットであるといえます。

そもそも母集団形成において重要なのは、人数を集めることだけではありません。

エンゲージメントの高い人材、入社後に定着してしっかりと活躍してくれる人材を集めることが何よりも重要なのです。そのような意味で、適確な採用広報によって、コーポレートメッセージを発信することには大きな意味があります。

選考期間中に、自社が求めている人材と母集団を構成している人材にズレが生じてきていれば、それは採用広報に不具合がある可能性があります。

・採用ターゲットの設定（第3章の2）
・採用ブランディング（第3章の3）
・求人広告媒体や採用支援サービスなどの選定（第4章の2および3、巻末付録）

これら3つの要素をぜひ見直してみてください。

心得5／採用支援サービスを理解する

WEB上のツールを駆使した採用マーケティングは多様化・複雑化を極めつつあります。とはいえ、重要なのは情報の渦に飲み込まれることなく、自社に適した採用手法を選び取ること。ただただ最新のサービスを使いこなせればいい、というわけではありません。

職種や業種、経験者が欲しいのか、未経験者でもOKなのか、いつまでに何人採用したいのか、予算はどれくらいか……など、グランドデザインを軸に据えて採用支援サービスを選んでください。

定番は求人広告媒体です。ただし、売り手市場において、掲載企業数は今後も増えていくため、戦略なしに載せるだけでは埋もれてしまいます。よって募集する職種に強い媒体を選定すること。

できるだけ上位表示される企画・サイズで掲載すること。そしてスカウトメールの活用で応募数を底上げすること。このあたりはしっかりと押さえておいてください。

また、昨今は中途採用であれば「ビズリーチ」、新卒採用であれば「オファーボックス」をはじめ、ターゲット人材に直接スカウトメールを送ることができるダイレクトリクルーティングサービスが人気です。知名度の低い中小企業が他社に先駆けて優秀な人材とコンタクトを取りたいときなど、ダイレクトリクルーティングという「攻め」の採用スタイルはかなり有効です。

他方、昨今のトレンドとして押さえておきたいのが、「indeed」をはじめ、「求人ボックス」や「スタンバイ」などの「アグリゲート型求人サイト（求人版検索エンジン）」です。

クローリングという技術を使ってＷＥＢ上に溢れている求人情報のなかから検索条件に該当する情報をすべて集めてくるアグリゲート型求人サイトですが、そもそもベースとなるＷＥＢ上、「Google」に情報が出ていなければヒットしません。今の時代、「Google」にインデックスされないことは採用活動における死活問題なのです。

オウンドメディアの整備に力を入れることも、より一層求められるようになっています。

どれだけ求人広告をつくり込んでも、求職者がせっかく興味をもって訪れてくれたホームページがいい加減なものだと、不信感につながってしまいかねません。オウンドメディアという軸をしっかりつくり込んだ上で、統一したコンセプトにもとづく求人広告をつくっていくことが採用ＷＥＢマーケティングの鉄則です。注目の採用支援サービスについてはぜひ、巻末付録をご参照ください。

心得6／外部の専門家と連携

母集団形成のための採用ブランディングや採用WEBマーケティングがここまで複雑化した今、採用担当者にはハイレベルなスキルが求められるようになりつつあります。

その一方で、人事部は異動が多いため組織の中にノウハウが蓄積されづらかったり、総務部と兼務していたりすることも多く、マンパワーの問題も絶えません。よって採用担当者の負担感は年々増大しつつあることでしょう。

こうした状況下で私がおすすめしたいのは、採用コンサルタントや広告代理店で経験を積んでいるベテランの営業担当者など、〝専門家〟を味方につけることです。

営業といえば、自社が扱っている広告の売り込みに来る人ばかりだと思われがちですが、全体を俯瞰した上で必要とあれば、自社が扱っていない広告媒体の情報をくれたり、グランドデザインを見通したアドバイスをしてくれたりする営業担当者もいるのです。

そのような人と出会ったら、ぜひよい関係を築いてパートナーとしてください。

広告代理店とのつきあいでは、気を付けるべきことがいくつかあります。

その筆頭は、ノウハウの少ない採用担当者のもとに、自社が扱っている広告媒体のみを売りたい営業担当者が熱心に営業をかけてくることです。どれだけ熱弁をふるわれたとしても、その広告が自社の採用計画にマッチしていなければ、コストに見合う訴求効果は得られません。

特に、その広告代理店が値引きを売りにしている場合、薄利多売になってしまい、１つひとつの広告原稿に手間をかけない可能性があります。

仮に採用担当者がクリエイティブな観点を持ちあわせていなければ、途中で軌道修正することもままならず、クオリティの極めて低い広告原稿ができあがってしまいかねません。

広告代理店とのつきあいは諸刃の剣です。

一方では専門家として頼りつつ、それでいて採用担当者自身もスキルを磨きながら対等な関係を築けるようにしたいものです。

グランドデザインを育てていく

ここまでお読みいただき、いかがでしたでしょうか。

超採用難の時代ではありますが、本書でお伝えしてきた心得を念頭に、採用のグランドデザインをしっかりと描いていただければ、これまでと違った結果が見えてくるかと思います。

とはいえ、私自身が18年間にわたる採用コンサルタントとしての経験の中で痛感しているのは、「採用に絶対はない」ということです。

不確実性の中でその企業にとっての正解を見つけていくためには、ＰＤＣＡを回し続けるしか方法はありません。第２章でもお伝えした通り、グランドデザインは「育てていく」ものなのです。

また、一定以上の規模の企業であれば、多くの場合、採用は本社の人事部が担当します。その際に気をつけなければならないのが、同じ「人事」とはいっても、労務や人事企画、または人材開発といった他の領域とは異なり、採用には攻めの要素が強く求められるという点です。少し語弊があるかもしれませんが、採用以外の人事領域は守りに徹する業務です。同じ組織でありながらも、業務の性格がまったく異なるという特性は、ぜひ念頭に置いておく必要があります。

攻めの要素とは、第4章の後段でもお伝えしたように、営業やマーケティングの要素と置き換えることが可能です。これもくり返しにはなりますが、応募者が来てくれるのをただ待つのではなく、自ら迎えにいくことが大切です。そして、売り手市場においては他社との競争は激化する一方ですので、ライバルに先駆けて策を講じていく必要もあります。

攻めという本質は今も昔もこれからも、変わるところがありません。

しかしこれからは、グランドデザインを基軸として確かな戦略を立て、効果的・効率的に採用活動を行うといった、マーケティングの要素が必要不可欠です。

その意味でも、ただグランドデザインを構築すればそれでOKということではなく、実際に人が採れる仕組みへと昇華させていく必要があるわけです。プレッシャーは大きいかもしれませんが、その分だけやりがいのある仕事です。

みなさんもぜひ、常にアンテナを高く張りながら、継続してPDCAを回し、グランドデザインを大きく育てていってください。

巻末付録

母集団形成に直結する注目の採用支援サービス

1　新卒採用編

第1章でもお伝えしたように、24年卒についてては、ほぼすべての業種でコロナ禍以前の勢いを取り戻しました。

新卒の有効求人倍率は1・71倍をマークし、完全に売り手市場となっています。多くの企業が、少しでも他社に先駆けて、優秀な人材にアプローチしようという状況で、「待ち」の姿勢だけでは十分な母集団がつくりづらくなってきていることも明らかになってきました。

そのような状況を反映して、従来のような求人広告出稿に加えて、企業から学生に直接スカウトメールを送る「ダイレクトリクルーティング」が大きな注目を集めています。

プロフィールを見て自社にマッチすると判断した就活生にピンポイントでアプローチするため、就職サイトで広く求人を募るよりも効率よく採用を進められる可能性があります。これはそもそも、中途採用の文化でしたが、新卒採用においても主流となりつつあるのは、これまでの手法だけでは手詰まり感が生じているからでしょう。

ここでは、巻末の付録として、求人広告媒体、ダイレクトリクルーティングの2つに分けて、私が注目している採用支援サービスをご紹介します。概要の紹介にはなってしまいますが、多少なりともお役に立てば幸いです。

①求人広告媒体（就職サイト）

新卒採用手法の王道、一定数の母集団を確保したいときに欠かせないのが求人広告媒体出稿です。管理画面なども使い勝手がよいため、工数の効率化が期待できます。あらゆるタイプの就活生にリーチできるオールマイティなものから、理系学生、ベンチャー志望学生などに特化したものまで、媒体のタイプはさまざまです。採用人数の多い企業には特におすすめです。

・マイナビ

（株）マイナビが運営する就職サイト。学生登録者数61万5606人、掲載社数2万8192社（ともに24卒対象・2023年3月1日時点）。他就職サイトに比べて、文系・理系ともに学生の利用率は圧倒的1位を誇り、インターンシップ期間から50万人を超える学生が登録していることも特徴の1つ。

スカウトメール送信機能、志向・属性別マッチング企画など、50種類以上のオプションがあり、さまざまな採用広報が展開できる。学生の利用率の高さに比例して、全国で開催する就職イベント「マイナビ就職ＥＸＰＯ」、オンライン版「マイナビ就職ＷＥＢＥＸＰＯ」等の動員力はトップクラスの実績。

・リクナビ

（株）リクルートが運営するマイナビに次ぐ規模の就職サイト。学生登録者数48万1789人、掲載社数1万8652社（ともに24卒対象・2023年3月1日時点）。インターンシップ期間の学生登録者数は45万人。スカウトメール送信機能（リクルート社SPIなどの属性分析ノウハウに基づいたAI自動配信によるスカウト配信）に加え、日程調整を楽にするシステム「riksak」搭載、リクナビ共通エントリーシートフォーマット「Open ES」など便利な機能も充実。

2019年から低迷期が続いていたが、ようやく復調の兆しが見えてきたため、期待を込めての紹介としたい。

②ダイレクトリクルーティング

企業が就活生を直接スカウトする、まさに現在のトレンドとなっている手法。希望の業種・職種が定まっていない学生や、自分からガツガツ企業を探してエントリーするのは苦手だという学生にも効果的です。自己PRや志向性を判断した上でスカウトメールを送れるので、企業の本気度が就活生にしっかりと伝わります。

・オファーボックス

（株）i‐plugが運営するダイレクトリクルーティングサービス。学生登録者数19万人、累計利用企業数1万2000社（2023年3月1日時点）。企業から学生に送るオファーに「1回1通」という送信制限があるため開封率が高い。

また、学生の適性検査結果と社内で活躍する社員の適性検査結果をかけあわせることで、企業ごとに精度の高いマッチングを実現している。他己分析検査も実施。新卒通年採用に対応しており、従来の新卒一括採用とは違い、時期に左右されず自由に採用活動できるため、留学生や既卒者に対しても柔軟に対応できるのがメリットといえる。

・ｄｏｄａキャンパス

（株）ベネッセｉ‐キャリアが運営するダイレクトリクルーティングサービス。学生登録者数（23卒生〜26卒生合計）87万８０００人、累計利用企業数1万２０００社（２０２２年5月時点）。就活生だけでなく、１〜２年生へインターンシップなどのオファーも送れる。

オファー枠は1学年あたり最大40枠。１人の学生が受け取るオファー数が6通に制限されているため、高いオファー承諾率が実現。何名採用しても費用は定額。

2　中途採用編

中途採用の求人倍率は現在1・32倍といわれています。新卒ほどではないものの売り手市場であるため、「攻め」の採用が必要です。

ほぼ全員が一斉に就職を目指す新卒採用とは違って、中途採用には、今すぐにでも転職したい「転職顕在層」と、条件のいい仕事が見つかれば転職してもよいと考えている「転職潜在層」とが入り混じっています。

また、経験を積んでいるベテラン層は、業務内容についても給与についても、かなりシビアな目で他社との比較をするものです。それだけに、アプローチにも戦略が必要となることはいうまでもありません。まずはグランドデザインをしっかりと描き、そこを軸にして採用支援サービスを厳選しましょう。

ここでは求人広告媒体、ダイレクトリクルーティング、アグリゲート型求人サイト（求人版検索エンジン）、採用管理システム（ATS）の4つに分けて私が注目しているサービスをご紹介します。

①求人広告媒体（転職サイト）

もっとも基本的な採用手法の1つです。

企画・サイズによって掲載価格が決まっているため採用人数が多いほどコストパフォーマンスは上がります。良質な母集団を形成するには、スカウトメールなどのオプション機能を上手く使うことも必要でしょう。

・doda

パーソルキャリア（株）が運営する総合転職サイト。求人情報サービス、人材紹介サービスともに〝dodaブランド〟で展開しているため、会員データベースが非常に充実しており、会員数は766万人（2023年2月時点）を超える。本来であれば人材紹介サービスを介さずには出会えないようなハイスキル人材へのアプローチも可能。求人情報はメインのサイト以外に「専門サイト」にも掲載される。

とくに営業、金融、メディカル、エンジニア、グローバルなどは特化型のサイトが用意されているため、良質な母集団形成が期待できる。

・リクナビNEXT

（株）リクルートが運営する総合転職サイト。会員数1199万人、スカウト送信対象者数550万人（2022年11月時点）で日本最大級を誇る。あらゆる業種・職種に対応しており、AIによるDM一括送信、募集情報に足跡を付けた人へのアプローチ、設定したターゲットからの閲覧に対する自動オファーなど、攻めのアプローチで良質な母集団形成が期待できる。

②ダイレクトリクルーティング

第4章の2で詳しくお伝えしたとおり、求職者からの応募を待たずに企業側からアプローチする「攻め」の採用手法。人材紹介会社（コンサルタントによるマッチングサポートあり）に登録されている人材が公開されているサービスなども注目に値します。

人材紹介に比べて、採用単価を低く抑えられる可能性がある点もメリットの1つです。

・ビズリーチ

（株）ビズリーチが運営するダイレクトリクルーティングサービス。国内最大級の即戦力人材データベースを持ち、スカウト可能会員数は170万人以上（2022年7月時点）。同社の審査を通過した求職者（大卒以上78％、マネジメント経験者約52％など）が登録されているデータベースに企業が直接アクセスできる点が、従来の人材紹介会社との大きな違い。企業にはダイレクトリクルーティングの研修会や、コンサルタントによるアドバイスも実施。

・ｄｏｄａリクルーターズ

パーソルキャリア（株）が運営するダイレクトリクルーティングサービス。幅広い年代層の求職者２８７万人（２０２２年12月時点）のデータベースを誇る。登録者の状況（応募検討中・応募中・選考中）を随時確認可能。

企業側が設定した条件に応じた求職者を毎日10名までピックアップするサービスも。専任のトレーナーによるサポートや、採用にまつわる１００種類の講座を無料公開するなど、企業へのバックアップ体制も魅力。

③アグリゲート型求人サイト（求人版検索エンジン）

こちらも第４章の２でお伝えしたとおり、オウンドメディアや求人広告媒体に掲載した求人情報がクローリングされることによって、拡散されるシステム。求人版検索エンジンに直接投稿という形で求人掲載をすることも可能。昨今の採用活動においては外せない手法の１つです。

・ｉｎｄｅｅｄ

米国 Indeed Inc. が運営するアグリゲート型求人サイト（求人検索エンジン）。世界60か国以上、28言語でサービスを展開し、毎月２億５０００万人以上の月間ユーザー数を記録。Indeed Inc. は、

２０１２年９月よりリクルートグループとなり、日本国内でサービスを拡大。日本国内の月間ユーザー数・約２４５０万人（２０２３年３月時点・SimilarWeb）。企業ページ、パフォーマンスレポート、候補者一括管理など、採用プロセスをサポートするさまざまな機能を提供している。

3　採用管理サービス（ATS）

近年では、採用ホームページの作成、求人ページの作成・掲載、応募者管理が一気通貫でできる「オウンドメディアパッケージサービス」が増えています。第４章の３でオウンドメディア整備の重要性についてお伝えしましたが、まずは低コストで始めたい企業には、このようなサービスを利用するのも手です。

・Ａｉｒワーク

（株）リクルートが運営する採用管理サービス。採用ホームページの作成、求人ページの作成・掲載、応募者管理など、オウンドメディアで採用強化をすることが可能。求人を公開するだけで、IndeedやGoogleしごと検索に自動で掲載することができ、応募を増やすための有料プランも完備。

基本的な機能は無料で利用できるため、低コストで始めたい企業には魅力的なサービスといえる。

おわりに

最後までお読みいただき、誠にありがとうございました。

本書では、私がこれまで取り組んできたことを初めて言語化しました。

細かいテクニックやノウハウなどは挙げるとキリがありませんが、基本的なポイントについては網羅できたかと思います。普段から当たり前のように取り組んでいることも、言語化したことによって、色々な要素が絡み合っていることが見えてきました。これからの超採用難時代に向けて、採用マーケット全体を俯瞰しながら戦略を立てる「採用グランドデザイン」が今まで以上に重要性を帯びることなどについても、改めて頭の整理ができました。

とはいえ、採用手法のトレンドや採用支援サービスの変化には目まぐるしいものがあります。激しい変化の渦の中で、ＨＲ業界におけるリテラシー格差が拡大しつつあることも事実ですし、本書でお伝えした内容も、時間の経過とともに変わっていくかもしれません。

ただ、18年にわたる現場経験を経て、私が確信しているのは、「人材採用において、絶対的な正解はない」ということ。

いい換えれば、「すべての企業において、正解は違う」ということです。たとえば、採用人数、コスト、定着率などの定量的な評価。入社してからの活躍、成長、貢献度合いなどの定性的な評価。どの指標をどう判断するかによっても「正解」は違ってくるのです。

だからこそ、これからも現場で起きている現実と向き合いながら、さまざまなクライアント企業様の「正解」を追求し、自身の情報やノウハウをアップグレードしていきたい、と改めて思っています。

話は変わりますが、いま話題のＡＩ「Chat GPT」に、質問を投げかけてみました。

Q．日本の少子高齢化は、日本の労働市場にどのような影響を及ぼすと思いますか？

A．Chat GPT

日本の少子高齢化は、日本の労働市場にさまざまな影響を及ぼします。

以下にいくつかの主な影響を挙げます。

1　労働力不足：少子高齢化により、労働力の供給が減少します。高齢化が進むと、労働市場における労働者の数が減り、特に若年労働者の数が減少する傾向があります。これにより、企業や産業は適切な労働力を確保するのに苦労する可能性があります。

2　賃金と労働条件：労働力不足により、労働者の需要が供給を上回る状況が生じることがあります。この場合、企業は労働者を引きつけるために賃金を引き上げたり、労働条件を改善したりする必要が生じる可能性があります。競争力のある労働市場、労働者の要求が増えることで労働環境の改善が進むことが期待されます。

3　社会保障負担の増加：少子高齢化に伴い、高齢者の割合が増加するため、社会保障負担が増大します。高齢者の医療費や年金などの支出が増えることで、財政への圧力が高まる可能性があります。これに対応するためには、税制や社会保障制度の見直しが必要となるでしょう。

4　技術革新と自動化の推進：労働力不足を補うために、技術革新や自動化が進む可能性があります。たとえば、ロボットやＡＩの活用によって労働力を代替する取り組みが増えるかもしれません。これにより、労働市場の構造が変化し、一部の職種や業界では雇用の減少が起こる一方で、新たな仕事や需要が生まれる可能性もあります。

これらの影響は、日本の労働市場において持続可能な解決策を見つけるために、政府や企業、労働者などの関係者が協力して対策を講じる必要があるといえます。

このような回答が返ってきました。

ほとんどが想定内であり、十分に理解できる内容です。

ここで重要なのは最後の「政府や企業、労働者などの関係者が協力して対策を講じる必要がある」という部分かと思います。まさに、その通りではないでしょうか。

今、自分に何ができるのか、どのように社会に貢献すべきなのか、改めて考えながら、気を引き締めて、取り組んでいきたいと考えています。

本書は主に中小・中堅企業の人事・採用担当者様のお役に立ちたいと思って執筆したものですが、我々のような採用支援企業側の人材育成にも活かせるかもしれません。人事・採用担当者様側と、採用支援企業側との協力体制づくりによって、採用成功の確率は高められるのではないでしょうか。本書を書き終えて、そのように感じています。

新卒・中途を問わず、採用にお困りの企業様は、機会があればぜひご相談ください。

本書が、1社でも多くの採用成功のきっかけとなれば大変うれしく思います。

本書を執筆するにあたりましては、多くの方々のご支援に大変感謝しております。セルバ出版様、細谷知司様、棚澤明子様、クライアント企業の皆様、協力会社様、RSGグループ関係者各位、この場を借りて御礼申し上げます。

2023年7月

成田　耕一郎

著者略歴

成田　耕一郎（なりた　こういちろう）

株式会社ＲＳＧ代表取締役、採用コンサルタント歴18年。

建設、ＩＴ、技術系アウトソーシング、エステ・脱毛サロン、美容医療、アミューズメント、不動産、生命保険、製造、人材派遣など、さまざまな業界において、通算500社を超える採用支援・コンサルティングに従事。特に採用難易度の高い業界や大規模採用案件を得意としており、新卒採用から中途採用に至るまで、数々の採用成功の実績を収める。

2017年には、建設・不動産業界に特化した人材紹介事業を立ち上げ、現在では、取引企業数1500社超、取扱求人案件数は非公開求人を含め5000件以上にまで成長。

テレビ東京「モヤモヤさま〜ず」、フジテレビ「めざましテレビ」をはじめ、数々のWebメディアにて紹介実績多数。2019年・2021年には、「コンサルタント信頼度」「転職サポート充実度」2部門において第1位に選出。※日本マーケティングリサーチ機構調べ（2019年5月・2021年6月_ブランドのイメージ調査）

「超」売り手市場における母集団形成
採用成功の法則

2023年8月17日 初版発行

著　者　成田　耕一郎　© Kouichiro　Narita
発行人　森　忠順
発行所　株式会社 セルバ出版
〒113-0034
東京都文京区湯島1丁目12番6号 高関ビル5Ｂ
☎03（5812）1178　FAX 03（5812）1188
https://seluba.co.jp/
発　売　株式会社 三省堂書店／創英社
〒101-0051
東京都千代田区神田神保町1丁目1番地
☎03（3291）2295　FAX 03（3292）7687

印刷・製本　株式会社丸井工文社

Printed in JAPAN
ISBN978-4-86367-837-8